The Book of *Soul*

52 Paths to Living What Matters

靈魂之書

馬克・尼波——著 蔡世偉——譯
Mark Nepo

52週冥想練習，
在迷惘不安的世間，為靈魂尋求棲居之所

目錄

第三部 擴展我們的圈 157

前言——所有靈魂相遇的地方

肉體出生之後，我們的靈魂在第二子宮發展，以孵化更好的天使。第二子宮是經驗式的存在，透過人生的勞苦困頓，讓靈魂得以誕生於世。本書探索的就是這段蛻變的過程，包含了其中的神秘性、困難性，以及必然性。

重要的事物總是廣大而恆久，因此我寫的每個章節都通往不同的事物，靈魂可以在這些事物中汲取養分。也因為這些重要事物很需要時間來體悟，我把這段旅程設計成每週讀物，邀請讀者在一年之中的每個禮拜進入一個新章節，將內在思索編織於日常生活，產生一種交互作用。

這個持續的蛻變過程彰顯了我們如何受到經驗的形塑，也就是我之前兩本著作所描寫的主題：透過《被給予的生命》（*The Life We're Given*，暫譯）釋放在內心靜候的智慧，而這種溫柔而人性的過程引領我們走向《道路之下》（*The Way Uner the Way: The Place of True Meeting*，暫譯）。當我們投身於連結自身與世界的神聖使命，會發現**這個世界就是一座寺廟**。這就是本書的核心探問：在混亂的人生中，靈魂該如何棲居於世間，才能以足夠的柔軟與真實，在任何地方活出自我，並找到通往重要事物的道路。

終究，我們經歷過的所有愛、苦難與謙卑都將磨穿抗拒之牆，直到心靈發出光芒，有如一顆內在的太陽——當生命磨穿那些隨身的多餘覆蓋，你我本然的光芒就能向著世界傾洩而出。

一項恆常的挑戰是，我們必須擁有這樣的信念：生活自會將不重要的事物磨去，直到生命的奇蹟在宇宙中顯現。一旦能夠赤裸真實地活在開闊之地，我們要做的，就是任由靈魂的光芒穿透我們。我們會意識到，這份光芒並非自身所擁有，而是來自宇宙，透過每一個人照亮並溫暖人心。這就是人生旅途的目標：開放且誠實的活著，直抵光芒之源。然後，生命便會豐盛活躍，讓我們的經驗煥然一新。

如同彗星抵達地球時已經被磨滅到只剩一個核心，當我們抵達所有靈魂相遇之處，旅途的重力也會讓我們磨去所有外在的修飾。要活得完整而純粹，就必須鼓起勇氣卸下防備，讓事物進入生命之中。這麼一來，靈魂才有展現自身的機會。透過當下的沉浸與付出愛，我們的惻隱之心得以幫助彼此承受這段來到世上的旅程。

人類這個種族，在最好的狀況之下是堅韌的，而在最糟的狀況下是冥頑的。我們花費了幾個世紀的時間試圖將事物給區分開來，儘管生命的一切都想要聚合。我們努力把光明與黑暗分開，但它們只有在合而為一時，才能創造深度。我們近乎絕望地試圖將美好與苦難分開，但唯有美好才能軟化苦難。我們堅持把好的與壞的分開，然而，心靈正用惻隱之火燃燒著好與壞。

在恐懼之中，我們發狂般希望將生命與死亡拆開，但事實上，世界上的每個靈魂都是一根連接兩者的導管。生命中的每個部分都是所有生命的交點與符號，如同一棵小種子承載著日後長成的大樹，如同一簇火花點燃了生命之火，我們每個人身上，都透出萬物的微光。

我們確實需要把事物分開，但並非為了改變生命，而是為了穿越生命，如同泳者撥開眼前的海水。每完成一次划水，生命的完整性就會迅速將我們包覆。所以，生命的目的並非控制或征服，而是讓自己沉浸其中。儘管有太多地方可以前往，有太多事物可以學習，卻沒有什麼比分享生命的真相更能帶給我們教誨。面對該面對的一切，我們將一次次發現，在看似不堪承受的事物底下，許多其他的生命意義正在等候。

當我們勇於探索世間萬物的真實自我，總有一天我們會迎向無盡的宇宙。無論你把這個浩瀚的對象稱作「上帝」、「阿特曼」、「法」、「阿拉」、「自然」，或「量子物理」，都能受其灌注，只要我們願意面對生命的真相，並且不礙於彼此的差異而愛上彼此，那麼，我們就能活出深層的意義。

這段從無知到經驗的旅程，就是靈魂從第二子宮誕生的方式。這本書的五十二個章節標示了這段經驗式開展過程中即將面臨的階段：在世間走一遭，挖掘出你我真正繼承的遺產，這將引領我們透過日益擴大的關懷圈，幫助彼此保持覺醒。

沒有人能逃過這場蛻變之旅。即使我們不斷向外探索，最後也只能找到內在的真實，而這份真實與暴露，賦予我們對世界敞開的力量——直到我們以內在挖掘出來的晶礦去修補並形塑這個世界。

即使沒有人能代替他人承受、發現、敞開或覺醒，但我們無疑交織在一起，密不可分：我覺醒時，你可能正掙扎著敞開；你的發現，幫助我更能承受，如同我的覺醒能夠幫助你敞開。我們在人性之中連結，如同土地抓住樹木，樹木撐起鳥巢，鳥巢接住小鳥，小鳥才能投下種子，讓它在適當時機長成一棵樹木。**所有的意圖都在為彼此播下種子**。

如果要透過生命及關係的網路來學習，就必須**跟生命中的每一刻保持對話**。因此在本書中，我邀請你傾聽並且省思。一週一章，跟著主題與故事，用日誌寫下自己的生活。

我在每篇章末提供「帶著走的課題」，這些問題可以為你開啟一扇窗，引導你探問，但切勿侷限於文字表面的意涵。此外，這個單元也涵蓋了自我省思的提點，以及如何跟摯友與所愛之人的對話。

苦難的目的，似乎是將我們的差異消磨殆盡，而愛的目的，則是讓我們清醒的看見你我在本質上都是一樣的。**世界就是聖殿**，每個生命、每個世代、每個年頭，我們都輪流把彼此推開，但是最終我們會在愛中被打磨成最純粹的模樣，回歸我們所屬的同一個部族。

在這個緊繃的現代世界，上述意義更顯重大，因為根本沒有所謂的「他們」——**我們就是他們**。**我們就是彼此**。在我們那自認看清一切的堅持之下，有一份更深的連結正在等候著。

所以，沒錯，我們可以交談，但在學會傾聽之前，我們成就不了任何事情。我們要傾聽彼此，也傾聽那些從中浮現、又將回歸其中的人性之流。在我們把經歷過與未曾經歷過的故事傳給下一代之前，我們只有這次機會共同待在這個世界上。祈願我們可以傾聽那些因著愛與苦難而讓我們敞開的事物，如此一來，我們才能從這口井裡取飲，打造一個更好的世界。

第一部

世間行旅

當我發現自己的意念往未來飄盪或停駐於過往，我會閉上雙眼重新開機。再次張開眼，我試著將全部的自己帶回當下，無論需要面對什麼。我立誓像個孩子那樣，一次只看一樣東西。我立誓像個盲人那樣，更加仔細聆聽一切。我立誓在這個粗礪世界重新發現眼前的珍貴事物。我立誓讓心思寧靜，才可能感受到彼此間流動的生命。

砍去樹木的枝幹，樹木會長得更為高大而牢靠。把金子扔進火裡，金子會被淬鍊得更為純粹。打磨鋼鐵，鋼鐵會變得更為銳利……所以，我因為巨大的苦難與艱難而為你感到開心……說也奇怪，我愛你，但仍希望你有悲痛。

——阿博都．巴哈（Abdu'l-Baha）

我們被自身的經歷所形塑，被時間的風暴所掏空，而當代生活的速度，只是強化了這種存在產生的張力。所幸，在這樣的消磨與侵襲下，我們有著恆久的工具可以依賴，例如投入全心全意的能力、透過所愛的人事物去學習的韌性，以及沉浸於生命所賜予的機會之中。

當我們反覆從基本的生存進化到蓬勃發展的生命力，人世間的旅程可能把我們累垮，也可能讓我們得以提升，端看我們能夠多麼頻繁地回憶起自己屬於這個廣大存在體的一部分，以及我們能多麼徹底地讓煩憂消解於靈魂之中。

然而，沒有人能夠靠自己達成這件事，唯有讓彼此進入自己的生命，才能分散苦難的重擔；而且，沒有人能逃離苦難，唯有在痛楚之中緊握彼此的手，才能召喚那個安歇之地。在世上行走的這一遭總是危機四伏，因為我們只能在恩典與重擔之間覓得一條道路，沿途一再跌倒，需要重新站起來幾次，就得重新站起來幾次。

這部分的章節，主要在探索一種帶著真實、意義與慈愛的生活方式，這並非抽象論述，而是一種親身體驗——可謂對治絕望的解藥。當我們把生活節奏放得足夠緩慢，那些被隱藏起來的東西就會失去隱藏的理由，然後讓一切變得神聖。

於是，真實的事物在彼此之間流轉，重要事物隨處可見。我們還是需要保暖、支付帳單，並且面對愛的失落。但由於我們沉浸及投入生命之中，加上對存在的嚮往與回歸，讓這一切變得可以承受，甚至在某些時候，堪稱美好。

1 帶著意義、真實與慈愛而活

我們渴求生命……而如此巨大努力的回報，就是更多的生命。

——羅伯特．賽德（Robert Seder）

名為「生命」的奇蹟堪稱脆弱卻又堅韌，它永遠都在，卻又無法保證。愛讓我們靠近奇蹟，恐懼則讓我們接近混亂。既然恐懼是從看不見的東西中汲取力量，那麼無論如何，我們都應該徵召心靈的力量，讓目光得以穿透恐懼。

恐懼是一種應該堅持挺過的情緒，而非應該遵循的聲音。在痛苦與失望的另一端，總會有別的方向存在，只要我們能深吸口氣環顧四周，如同水裡的魚一逮到機會，就朝著光源游去。

意義、真實與愛是生命中永恆的導師，幫助我們挺過恐懼、痛苦與失望，點燃了心靈的火花。我們都知道，在火焰燃燒的同時也會發出光芒，因此這些內在的導師都有一種「燒灼」的特質，為了獲得光，我們必須忍受。我們可以把這樣的經驗視為成長蛻變過程中產生的陣痛。

本質上，意義會因為各種關係而聚合，也會因為各種關係而變得鮮活。

讓生活成為整體覺醒中的一個部分，這就是我們理解經驗的方式。至於真實，它會因為深刻的存在與傾聽而浮現出本然的面貌，也會因為深刻的存在與傾聽而變得生動。真實就是看見並接納事物原本的樣子。

最後，慈愛透過關懷釋放出來，也因為關懷而變得生動鮮明。慈愛就是讓憐憫之心引導我們去發掘自身與世間萬物的親密關係。當意義、真實與慈愛結合在一起，我們就能連結一切，織成一條供我們緊握的救生索，風雨不改。

這本書的漫長對話將鍛造你與意義、真實及慈愛的關係；為你鍛造一個獨特的方式，好讓生活成為覺醒整體中的一個部分；鍛造你所存在的方式，以及鍛造那種不斷演進、你與世間萬物保持親近的方式。

意義、真實與慈愛是生命中永恆的導師，是點燃心靈的火焰。

【帶著走的課題】

- 在日誌中描述你跟許多可能性或消極性想法的對話。現在的你關注的是哪一種？你如何形容那種充滿了可能性與消極性的生命節奏？
- 跟摯友或所愛之人對話，描述最近在生命中出現的意義、真實與慈愛，探討它們對你產生了什麼影響。

2 時代的速度

如果執迷於無關緊要的東西，就會停止傾聽重要的事物。憂愁就是這樣讓自身變得壯大，就是這樣用神經質的噪音把我們給塞滿。

在這個年代，聆聽重要的事物尤其困難，我們總是被告知自己不夠好，於是心心念念都是效率與產能。我們必須靠著一種靜謐的勇氣，才能平息憂慮與煩擾。

持續的輕蔑會帶來不安全感，將我們變成一群飢餓的迷途蜜蜂，一旦看到任何能安撫苦痛的蜂窩，就急欲鑽進去，因為我們總是苦於不夠完美，苦於不夠漂亮，苦於不夠充足，苦於達不到別人的期許，然後無可避免的，苦於實現不了愛與和平的夢想。

為了對抗時代的速度，我們應該隨時隨地敞開自己，縱然在壓力之下，這種柔軟與開放可能會被誤解為「慵懶散漫」或者「無所事事」。然而，為了從文明的狂亂中脫身，並且放下令人煩憂的種種，有時我們就是必須放任自己漫無目的的漂流，這樣才能與潛藏在底下的「真實」重新搭上線。

困難的是，這是一個喜新厭舊的時代，甚至還有「免洗社會」的稱號。的確，直接把東西丟棄，往往比修復它來得便利一些。然而，若在尚未懂得對物品感恩、賦予它意義的情況下就將物品拋棄，我們就會失去跟周遭事物的關係。

也就是說，不假思索將物品丟棄，就失去了這些物品在我們生活中逐步累積的存在感與歷史。當我們錯過這些尋常物所承載的故事，就無法觸及那種將所有人類的存在連結起來的連續性。我認為，對治速度的解方，就是捧著物品，好好探究它們的歷史。

時間一久，拒絕傾聽重要的事物，會讓我們過於關注這個世界的噪音，直到心靈噪音成為一種根深蒂固的模式。我們應該去了解的是，大腦是如何創造認知與行為模式——從解渴的需求，到朝著一杯水伸出手臂；從對愛的渴望，到朝著可以被愛的一切打開心房。

神經元是儲存在大腦中的訊息感知細胞，連接這些訊息的東西稱為「突觸」。神經元跟這些用來連結的突觸組成了大腦的神經網絡。這些連結一旦確立，突觸就會鞏固成一種模式化反應，這個反應一旦建立起來，可以讓許多動作變得直接而快捷。例如，第二次伸手拿東西喝、從結帳人員手中接過雜貨，或是昏睡中關掉早晨鬧鐘的動作，都會變得快速不少。透過這種模式，大腦靠著神經網絡去取用儲存在記憶中的日常功能，因此，這樣就不需要每次遇到什麼情況，都得重新學習一遍。

然而，一旦距離身體的神經網絡越遠，大腦這種模式化的功能就越小。當我們進入心理與社會的神經網絡，便不再接收新資訊了。我們對於新處境的回應往往奠基於舊的資訊模式，也可以說是一種「舊的度量衡」。所以，當一個陌生人擁有我所需要學習的東西，但他說話的方式碰巧跟傷害過我的母親類似，那麼我就可能對他所說的話充耳不聞，逕自轉身離去。

太過依賴大腦反應的狀況下，這些心理與情緒的神經網絡一不小心就會化為大腦的溝槽，接著會形成一個先入之見的基礎，更糟的是會產生偏見，到了最後，我們會將自身模式化的回應，誤解為一種無可動搖的真理。恰如心理學家詹姆士（William James）所言：「很多以為自己在思考的人，其實都只是重組自身的偏見而已。」雕刻家法蘭奇（Karen Frech）也坦承：「我總忍不住擔心，所謂的信念，不過是我自己一直以來抱持著的想法罷了。」

個人神經網絡的反射是根深蒂固且冥頑不靈的，這個缺陷跟他人無關，只跟自己有關。如何打破舊有模式並創造新模式，重點在於傾聽的對象——我們是否能直接體驗生命，或者只是對經驗之鏡的倒影做出反應。所以，有鑑於這個有效率的「免洗世界」所產生的速度及噪音，有鑑於大腦如何讓反應變成一種習慣，我們來看看三種拒絕傾聽的方式：批判、假象，以及想要更多的貪欲。

很多時候，個人偏好的論斷會形成一面屏幕，在面對他人批判時，就以這面屏幕來遮蓋真相。用以貶低或吹捧他人的評斷，會讓我們遠離他人的真實經驗。舉例來說，當我批判某位遲到的友人，我可能永遠不會知道，他們在途中停下來幫助了一個跌倒的人。時間一久，此種批判的代價就是在周圍築起一道透明的高牆。別人以為這道牆不存在，直到他們靠過來觸碰我們，或我們對他們伸出手，就會發現雙方誰也穿透不了這道牆。看得到卻無法觸碰，這種情況耗盡了我們的生命力——就像聞著果香卻吃不到果子。

我記得研究所時期遇到的一位教授，他認為所有現代詩都缺乏古典詩歌的嚴謹與精緻，他對那些當代詩人在表達上的努力完全不屑一顧。當他妻子驟逝，我送了他一本詩集，內容是當代最具天賦與同情心的詩人們對於失去與哀慟的書寫。我可以看見那位教授在嚴厲的表情下微微顫抖，他冷冷道了聲謝，然後把書直接丟進了垃圾桶！無禮還是其次，最重要的是，他用透明的牆把自己圍了起來，確保自己待在一個沒人可以碰觸到的孤寂所在。

假象之所以存在，往往來自於我們把自己偏好的理解，加諸於生命中的所有處境，因為我們對於熟悉的興趣，遠高於對成長的需求。**努力維持一種**

假象，本身就是地獄。我記得幾年前觀賞一場馬球比賽，過程中有一匹馬把腿給弄斷了。場地的另一端就坐著俱樂部的成員，突然間，兩位穿著蓬蓬袖的工作人員出現了，他們急忙拉起一條布幕，遮擋住俱樂部成員的視線，以免這些觀眾看見有人進來朝那批馬的頭部開槍。拉起布幕遮擋住視線，就是一種維持假象的隱喻，假裝生命的真相並非如此，其實那條布幕什麼都沒能遮住。

關於「想要更多」的貪欲，跟歲月一樣古老。古希臘文「pleonektein」這個字，來自「貪婪癖」（pleonexia）的字源，指的是一種對任何東西都無法滿足的症狀。基督教神學家巴克禮（Willaim Barclay）將貪婪癖定義為一種「熱中擁有」的詛咒，而柏拉圖與亞里斯多德都認為這種症狀正是貪心的源頭。

貪欲是一種拒絕傾聽的危險形式，如同瘟疫般侵擾著現代世界。這讓鼓勵「填塞」的社會產生了共鳴：我們以為進食可以讓自己遠離空虛，以為喧囂可以讓自己遠離寂寞，以為冒險可以讓自己遠離平凡，然而與此同時，其實親自穿過空虛、寂寞及平凡之門，才會發現人生帶來的真正禮贈。

這些都不容易。有太多拒絕傾聽的可能，讓我們一不小心就錯失了下一個導師。儘管如此，在每個角落等待的尋常事物無不潛藏著人生的珍寶。下個導師也許是拂過臉龐的一陣微風，喚我們轉頭。轉過頭，一道光芒吸引我們的視線停留。而透過這道光，我們也許會看見愛人的一張臉。然而，倘若我們沒有因那陣微風而轉頭，就無法遇見應該愛的那個人。這並不代表我們將永遠遇不上愛，但很可能就此錯過了原本該獲得的體悟。

所有靈性傳統都要求我們傾聽，換言之，透過存在的努力，讓自己更靠近真正重要的事物，平息心中的噪音，讓自己回歸那些沒有腳本的瞬間，而生命的光采與脈動，就顯現其中。

所有沉思冥想的法門都會幫助我們做好準備，去面對那個當父親逝去，當夢想破滅，當我們受到放逐或利用時，突然被刺破的空間。在那個空間，我們什麼都不能做，只能跟命運的神祕一同靜坐與等待。要平息這個時代狂猛如虎的速度與噪音，唯一的做法，就是帶著開放的心念，端坐世界面前，直到生命終於打開。

對治速度的解方，就是捧著物品，探究它們的歷史。

【帶著走的課題】

- 在日誌裡描述你所認識的人之中，你最愛批判的那位，以及這種習性如何打造出一道圍牆。然後描述自己在哪個方面也喜歡批判，以及這如何妨礙你去體驗人生。
- 跟摯友或愛人對話，描述這個時代的速度如何對自己產生影響，討論出一個可以對抗速度、讓人生更豐富的做法。

3 永遠作為更大存在的一部分

最會說故事的，就是人生。

——馬克·尼波

無論正在經歷什麼，對生命有信心，就代表永遠相信有一種超出我們所理解的東西存在——如同宇宙的運轉，超出了任何星星所散發的光芒。因此，我們永遠是比現狀更大存在的一部分。即便現狀再怎麼真真實實的耗神，也不會是宇宙整體的狀況。

這種信心會帶來療癒，如同足夠的水能稀釋毒素，足夠的生命力也能稀釋痛楚、恐懼與憂愁。縱使我們有撐過難關的責任，但時間一久，更為浩瀚的生命終將沖淡難關帶來的鋒利與催逼。正因如此，在封閉時刻將自己打開，至為重要，讓生命發揮它固有的本質，也就是「自我修復」。無可避免的，我們所面對的東西總會抵達盡頭，所有的難題也會從邊緣漸漸匯入持續前進的廣大生命之流。

當我覺得自己什麼都無能為力，只要讓生命進駐，就能驅散這份渺小感，接著我得重新找回自身的價值——這就是我們跟生命結盟的方式：生命給予，我們接收。然後，我們安住於價值之中做出回饋，如同人類跟植物交換氧氣與二氧化碳。如此一來，那浩瀚的生命之流縱然讓你無知無感，也能繼續提供一切所需。

不過，我們都無法免於苦難，無法避免身而為人必然面對的處境。生命的旅程會對每個人展現出不同的面貌，而讓我們的真實天性得以顯現的，正是個人所開創的經驗，以及打破固執的框架。接受天性，才能觸及自己的獨一無二。

我們都在自己所理解的狹隘及周遭的浩瀚之間掙扎。一旦臣服於狹隘並停止接收生命，我們就開始沾染上憂煩。正因如此，我們才會聽到他人說話，卻充耳不聞；我們才會碰觸到美好，卻以過往的記憶與未來的想望將其覆蓋，於是錯過了眼前的美好。

在各種壓力下，意念很容易飄往過去或未來，而對於眼前當下，卻渾渾噩噩、魂不守舍。你往往可以看出哪些人心不在焉：他們的話似乎沒說完，他們的眼光越過任何人，他們的視線就像一個脫手的氣球，無所依歸。我們都曾經這樣。所以真正的挑戰，就是修正航向。

當我發現自己的意念往未來飄盪或停駐於過往，我會閉上雙眼重新開機。再次張開眼，我試著將全部的自己帶回當下，無論需要面對什麼。我立誓像個孩子那樣，一次只看一樣東西。我立誓像個盲人那樣，更加仔細聆聽一切。我立誓在這個粗礪世界重新發現眼前的珍貴事物。我立誓讓心思寧靜，才可能感受到彼此間流動的生命。

說故事是有幫助的。我願意分享這個故事，因為湯姆的故事就是我們的故事。

湯姆是個感到茫然的建築師。他今天下班從十五樓走進電梯，把他送往地面的金屬盒沿途停下接納了其他乘客。電梯緩緩下降，他倚靠著電梯牆，思考自己為什麼既迷惘又疲憊。

湯姆懷抱著一顆真心，卻在試圖去愛的時候受到傷害。當他試圖幫助別人，卻遭受到操弄與背叛。原本對生命抱持信任的他，如今充滿了倦怠與恐懼。他不知道的是：**當你害怕時，就會忘記原本明白的東西**。當他害怕某些處境，就忘了自己在生活中的獲得。當他害怕迷路，就會忘了自己是誰。當他害怕世界的貧瘠，就會忘了生命帶來的禮贈。

隨著電梯層層下降，湯姆想知道明天會否有所不同。他不知道的是，害怕匱乏，就會變得貪婪；害怕周遭事物，就會變得殘酷；害怕不足，就會讓自己膨脹，然後到處胡亂衝撞，貪求那些原本不屬於自己的東西。

電梯門在一樓開啟，湯姆走上街道，突然間，圍繞著建築的夕陽餘暉灑在他臉龐。他停下腳步閉上眼，這是他一天中最棒的瞬間。沐浴在夕陽中，湯姆平息了內心的恐懼，他想起如何在這世間生活。當他開始聆聽天空，就想起生命帶來的美好。

要讓自己封閉起來，還是在世上闖出一條路，每個人都在這兩者間搖擺不定。我要分享另一個故事：某個沉悶的日子，一位充滿活力的女人開始打造一堵又高又厚的牆。她以為自己在蓋一座城堡，最後卻淪為一座監牢。她以為牆壁能把所有東西阻絕在外，然而，有時驚奇像雲朵飄來，霧氣般籠罩在她的頭頂，而有時悲傷則從牆壁的縫隙滲入，如同迴響在她耳邊的遙遠回憶。女人忘了是自己一手打造出這座監牢般的城堡，她把憂傷的耳朵貼在牆上，想聽聽牆外的生命。

那些愛她的人沒有放棄。他們敲打著牆壁，要她逃出來，但她幾乎聽不見。沒有人知道到底是什麼傷痛或爭執，迫使她在封閉中自我放逐。一陣子之後，生活不再糾纏她了，直到某個吹著微風的日子，鳥兒的歌聲從鑰匙孔傳進那座監牢般的城堡，而她心裡某個部分堅持要親眼看見這兩隻鳥兒。當女人推開厚重的城門，當她為錯過的美好而啜泣，生命開始親吻她的前額。

時間一久，生命終將沖淡難關的鋒利與催逼。正因如此，在封閉時把自己打開，至為重要。

【帶著走的課題】

- 在日誌中描述一個在當前生活之中的困難，然後描述生之浩瀚如何在這個困難中持續流轉。自身經驗之外的生命如何影響你，以及你正在經歷的事？
- 跟摯友或所愛之人對話，描述一次讓自己膨脹的經驗。為何在那個處境之下，不能單純的做自己就好？扮演一個不是自己的人，會帶來怎樣的結果？

4 沉浸與獻身

我始終相信沉浸與獻身的精神價值。不只一次，它們引導、甚至拯救了我的生命。

在年幼時，我就會凝視正在發生的生命點滴，並迷戀那些關於生命的開展。我記得曾花了好長時間觀察浴室窗戶上那隻試圖逃出、飛向光亮的蒼蠅。我記得看著停駐在家後方橡樹上的鷹，直到牠的雙眼似乎跟我對上。我記得跟父親一起安靜坐著，看冬天的浪在林登赫斯特港翻捲，然後化為白沫。感受到大海呼喚時，父親的臉上會露出真誠的笑容。那時我開始明白，要努力才能保持沉浸，直到美好自然而然的彰顯，要獻身才能保持沉浸，直到美好成為生活之道。

英語「沉浸」一詞源自拉丁文，意指「浸入其中」。英語的「獻身」一詞也源自拉丁文，意指「堅守誓約」。所以，「沉浸」要求我們完整給出自己，直到所作所為顯露出底層的意義，而「獻身」，則要求我們堅守願意沉浸於意義之中的承諾。

擔任老師的生涯中，沉浸與獻身成為我的生命核心。起初，我在紐約上州一所鄉間中學任教，四年後我進入研究所，以研究生的身分授課。拿到博士學位後，我在紐約州立大學奧爾巴尼分校教了十八年的書。

那段教學歲月中，若非必要，我不會給學生打分數。每個學期初，我都會告訴學生，我們即將進入一種靈動而永恆的領域，其中充滿了能讓他們獲益終生的獎賞。我對學生說，這趟旅程本身比任何分數都更有價值。想當然爾，沒有人相信我說的話。我說，只要全心沉浸其中，每個人都能拿到高分，我很願意給全班同學高分！我告訴學生，我的夢想就是讓整個班能夠沉浸其中，而他們被當掉的唯一可能，就是拒絕投注完整的注意力，拒絕獻身於此。

二十四年的教學生涯，我一再發現，一旦學生付出完整的注意力，立刻就能沉浸其中，鮮有例外。比起為了漂亮的成績而用功，沉浸的狀態讓他們投入了更多的心力與時間。一次又一次，我發現自發性沉浸於其中的學生，付出的遠遠超出我的要求。這些都是明證，證明了學習本身就是一種獻身，比獲得任何特定資訊更有報償。

當我們終其一身把完整的注意力放在某件事物上，那些得到獎賞的幻想，以及能創造出偉大的虛妄，都會煙消雲散，縱使我們確實可能因此創造出超出自身人格、實用而持久的東西。倘若能夠看透努力的方式，超越最初讓我們開始的目標，那麼沉浸與獻身就會成為體驗不朽的法門，而整個過程的終點，就是自身的蛻變：我們會與那個努力企及的目標合而為一。

我想像，在人類還在素描羽毛的年月裡，博物學家約翰・詹姆士・奧杜邦的眼睛開始跟鳥類一樣張開變大。我想像，追尋光線多年之後，印象派大師莫內開始畫下眼中的浮游物。我想像，凝視海洋直到它訴說起源的故事，生物學家瑞秋・卡森開始忘情於雨水之中。

我想像，紐約攝影師加里・維諾格蘭德開始用自己的心眼來拍攝，所以才會留下六千六百卷從未顯影的底片。我想像，終其一生端詳大理石的紋理之後，米開朗基羅開始感覺心裡的那尊雕像有了生命。我想像，持槳划入無意識之海，榮格開始不自覺地從靈魂之井說話。我想像，生命被磨滅到相對性的制高點之後，愛因斯坦開始感受到自身的無重力。

若能親身體驗沉浸其中的感覺，那些長久喜愛的事物就會變成一座花園。若能獻身於那座花園，那些長久耕耘的事物就會變成一位老師。**深度生活的奧秘，就在於成為生活本身。**

學習本身就是一種獻身行為，比獲得的任何特定資訊更有用途與報償。

【帶著走的課題】

- 跟摯友或所愛之人對話，描述某個因為獻身而令你欣賞的人。探討他們獻身的本質，以及獻身如何影響他們及身邊的人的人生。

5 存在的拉力

我們活在一個零碎與孤立肆虐的科技時代，被機械佔據的心思使得我們脫離生命的完整性。這個時代的科技與數位優勢本身沒有問題，但科技是惰性的。如同水會因為重力填滿坑洞，倘若未能以內在生命迎接外在世界，存在就會立刻將我們填滿，並且令我們覆沒。因此，倘若沒有致力安住於自己的內在，並發展出一套價值觀，那麼科技的特點——移動迅速、同時身處多處、永不靜止、多工作業，以及絕緣孤立——就會自動取代成為我們的內在價值。

當我們分心於一種出於臆斷（而非選擇）的價值觀，我們的生命就會偏離蛻變的初始，於是，夢想沒有落實，廢墟也沒有重建。勢不可擋的意念強加於生活各處，我們就像一個孤獨的神祇被放逐天際，被文化和信仰所遺棄。在這樣古老的力量眼中，我們就像一堆胡亂移動的螻蟻，一刻不得閒。

從搭建那座有害的巴別塔開始，幾世紀以來，我們受到錯誤的教育，學會把物質看得比人還重。我們執著於活出成功、而非真實的人生，以致於無法接收愛所能賦予的力量。印度哲學家克里希那穆提（Jiddu Krishnamurti）這麼說：

目前的教育是腐朽的，因為它教我們去愛成就，而非去愛自己所做的事，讓我們以為結果比作為重要。事實上，為善不欲人知是好的……你就是一個有創造力的人類，匿名活在世上，這個事實本身就存在著巨大的美好與豐盛。

我們應該效法魚類，牠們自然而然的成群悠游，「魚群」的英文剛好跟「學校」一樣，都是school這個字。學習的目的正是跟他人一起在深處移動，透過鰓吸收必要的東西。當我們忠於自身的天性，忠於自身的探問，忠於自身的經驗，我們也能自然而然的成群悠游。真實會讓我們聚在一起並肩前行，反之，無論出於恐懼或痛苦，如果拒絕展露真實，就會讓彼此開始疏離，感覺生命是隨機的，而自己是孤獨的。

不管我們多麼駑鈍笨拙，終究會受到召喚，用內在迎接外在，並跟真實的人們成群前行。所以，永遠不要因為周遭人的不理解，而讓自己相信的價值熄滅。有很多方法可以補救這個世界的混沌。

每當你對陌生人行善，或是幫助他人站起，每當你說出真相並傾聽他人，就能讓人性之火繼續燃燒——這是幫助世界挺過一次次鉅變的譜系。忠於自己所在乎的事物，以及為不幸的人挺身而出，永遠都會為世界帶來改變。

倘若未能以內在生命來迎接外在世界，那麼存在就會立刻將我們填滿，並且令我們覆沒。

【帶著走的課題】

- 在日誌中描述，在自己的經驗中，愛成就與愛自己所做的事之間，有什麼不同。
- 跟摯友或所愛之人對話，敘述對他人的關懷，如何幫助你以內在來迎接這個世界。

6 全心全意

何不召喚確定的那一瞬，當所有活過的生命都在我那顆跳動的心臟後方，何不召喚那個瞬間：有著一千對翅膀的神在我的胸膛裡振翅……

——馬克．尼波

如同鳥類必須張開雙翼才能翱翔，如果想被生命的玄秘之網高舉，就只能全心全意。這個恆在的生命力是一種無窮無盡的資源，必須付出完整的自己，方能取用。我們毋須用力深究就能明白一個道理：全心投入與否，不僅影響個人的靈魂，也影響到社群的生活。所以，生而為人的任務，就是擁抱一切，將完整的自己投入於當下的處境。

越多保留，生命就越顯得隨機。這並非關係到賞罰，而是一種因果，就像小鳥收起雙翼，就會從空中落下。同樣的，我們也不能停止觀看，除非流水靜止或湖面不再映射天空。太早從生命中收手，會讓我們在一個看似支離破碎的世界中醒來。

保持全心全意的態度，取決於能否誠實接受自己的稟賦與失敗。儘管困難，我們只能透過完整的自己去碰觸那顆悲憫之心，也就是說，不去否認自我本質裡那個冥頑難搞的部分。當我們廣闊到足以承載完整的人性，就會有兩件珍貴的事物出現：第一，我們得以經驗生之奇蹟。第二，我們得以經驗愛之奇蹟。

對完整的獻身，也能夠在社會層級起作用。一個全心全意的社群不會否認自身的瑕疵與缺陷，而是設法誠實接納自己的優點，以及未能符合自身價值觀的事實。當社群寬闊到足以承載全部的成員，包括孱弱與冥頑者，那麼一個健全的社會就誕生了。

要繼續討論下去，就不得不提到榮格（Carl Jung）。沒有這位先驅，今天的我們不會了解自己是如何迴避、並否認自身的某些面向。他把我們不想要的精神特質描述為「陰影」。陰影不見得是好或壞的，只是單純反映或誇大了我們性格中被拒絕的面向。榮格強調把陰影融入意識的重要性，否則，我們就會把這些誇大的特質投射在他人身上。

榮格發現，對自身某些面向越是加以否認，這些面向在人生的位置上就會越形扭曲且強大。舉例來說，我們越是否認真實存在的風險，就越可能賭博成癮。大體說來，越否認人性，我們就越無法感受到生命的豐盛與他人的慷慨。

那些被否定的精神特質產生的投射作用，有如疫病般侵擾著大部分的社群。在當代美國，我們推開自身最畏懼的東西。舉例來說，過去十五年，美國國會中許多高聲反對同志權益的人，都被發現本身就是未出櫃的同志。同理，社會拋棄遊民與病人，是因為我們害怕生病或無家可歸。對於情感與親密的恐懼，也促進了色情商品與婚外情的次文化盛行。

極端暴力在文化中蔓延，很大程度起因於這個社會整體對於感覺的壓抑，因為敞開自我的需求乃是一種無法否認的天性，只好換個方式，表現在那些看似真的把人體給炸開的暴力電影之中。越是設法推開自身不想要的脆弱面，這些面目就會越形扭曲。

一個活得全心全意的人，會試圖推崇並融合體內那些看似互不相干的部分。一個全心全意的社會，會試圖推崇並融合內在那些看似互不相干的人。全心全意帶有一種完整的包容性，有如海納百川，這並非一個抽象議題，全心全意與否，會帶來實實在在的結果。

位於法國特羅斯利布勒伊城鎮的「方舟」是一個非神職社群，這裡住著許多身心障礙者與照料者。方舟的創辦人范尼雲（Jean Vanier）談到在這裡生活學到的真實關係：

一旦我們否認自己是光明與黑暗的合體，是正面特質與失敗錯誤的合體，是愛與恨的合體，是利他主義與自我中心的合體，是成熟與幼稚的合體，是生命一體的孩子，那麼我們就會繼續把世界分為仇敵與朋友。我們就會繼續在自身與社群周圍架設阻礙，不斷傳播偏見。

倘若我們繼續把自己區分為「壞人」與「好人」，就看不見一個事實：我們其實有能力接納所遇見的一切。創造出「壞人」，是一種文化陰影，在這塊陰影下，我們驅逐某些人，只因他們讓我們想起那些我們不願在自己身上看見的面向。

德高望重的越南僧人釋一行禪師在詩作《請用我的真名喚我》中彰顯了這份真理。這首詩的靈感來自一艘船上的越南女孩，年僅十二歲的她被海盜強暴之後投海自盡。這首詩中說：

我是小船上的難民

一個十二歲的女孩
被海盜強暴之後
投海自盡
而我也是那個海盜
我的心還沒有能力
去看，去愛……

請用我的真名喚我
這樣我就能同時聽見自己的哭聲與笑聲
這樣我就會看見我的喜悅與痛苦不二

請用我的真名喚我
這樣我就能醒來
我的心門
那扇悲憫之門
就會打開

請不要誤會，了解彼此最壞的一面——並意識到我們自己也有能力這麼壞——並不會**解除**正義的需要，而是**打開**了在正義裡**等待**的智慧。面對每個人都能夠溫柔或殘忍的事實，就能打開悲憫之門，**深化**正義的意義。對每個人來說，也許最恆久的懲罰，就是修復那些我們曾經殘忍對待的一切。也許最偉大的正義，就是讓我們體內缺乏人性的部分找回人性，直到我們能以與生俱來的溫柔視線，看待曾經的所作所為。

我認為，南非人勇敢尋求真相與和解，就等於喚醒了世界，讓我們看見社會療癒中這塊未被探索的區域。朗費羅曾說：「若能閱歷敵人的秘密歷史，我們會在每個人的生命中找到足以化解一切敵意的悲傷與苦難。」不知道他在內心世界經歷過什麼，才能悟得如此深刻的洞見。能把自己看得多麼透徹，就能把世界看得多麼透徹。這樣凝視自己的人生令我激動不已，所以我們應該把心靈打磨成一扇明晰的窗，然後透過這扇窗，真正的去看見他人。

這些都是艱難、重要且古老的課題。在印度神話《乳海翻騰》中，為了翻攪「生存之海」以期產生慈悲與意識之寶，眾神決定尋求眾魔的幫助。

發人深省的是，當生命與力量成為另一個自我毀滅的惡魔，眾神沒有選擇屠殺、監禁或放逐，反而**徵召**他們，協力翻攪生存之海，直到水面化為一片共有意識。神魔合作，轉化為被稱為「夏克提」或「杜爾迦」的修復之力。

無論作為個人或身處社群，這就是全心全意的終極目標：承認自己的失敗、限制及黑暗的衝動，然後將之包裹為一股完整的力量，去修復慈悲與一體。

這是個永恆的課題，要學的還有很多。然而，我們可以從這一步開始：接受自己不能無視、非難或放逐人性的某個部分，否則一定會因為把部分的自己推向黑暗而受苦。我們可以這樣開始：接納完整的人性，為彼此的所作所為負責，並且幫助彼此修補這個世界脫落的縫線。

能把自己看得多透徹，就能把世界看得多透徹。

【帶著走的課題】

- 跟摯友或所愛之人對話，談論一個曾被你推開的人，並探索當時這麼做的原因。試著誠實說出那個人映照出自己身上哪些你所不想要的部分。

7 沒有為途中的他人停步

勇敢，不代表不能恐懼。

——塔米・西門（Tami Simon）

一個和平工作團的成員在奈及利亞待了兩年後返家，跟我說了一個關於他的摯友庫法的故事。故事發生在庫法跟朋友從阿克布悠驅車前往海濱城市拉哥斯的時候。

「某個我們都睡不著的夜裡，庫法突然說，大家都知道不該在夜間穿越那些區域，因為聽說常有汽車被挾持，甚至被炸掉，土匪會割開你的喉嚨。我跟朋友的那段車程需要六個小時，我們做好了規劃，可以趕在太陽下山前抵達拉哥斯。

途經菲帝奇時，意外發生了。一台卡車從側面撞上我們前方的車。卡車司機直接駕車逃逸！我們下了車察看，發現前方車裡的駕駛受傷了，肩膀嚴重骨折。我們不敢移動他，將他移到一個稍微舒服的地方，然後馬不停蹄開車到下個城鎮尋求協助——開了一個小時。

我們找到一間醫院，請他們派救護車過去。但那裡沒有救護車，醫院裡也沒有醫生在——醫生們要三天之後才會回來。我當時進退兩難，不知該怎麼做。如果回頭去照顧那名傷患，就沒辦法在日落前穿越這個危險的區域。

我告訴自己，那畢竟不是一條完全荒涼的道路，總會有人經過，把他送進醫院。但即便如此，我知道附近的醫院還是沒有醫生駐守。當時，我實在害怕在夜晚的沙漠中淪為匪徒的獵物。

說來慚愧，我最後選擇把那個受傷司機留在那裡不管，繼續往自己的目的地前進。我不知道那名傷患後來怎麼了，不過多年過去，直到今天，我仍因為沒有回頭而感到後悔。」

跟許多人一樣，庫法沒能找到勇氣。他抗拒內心慈悲的衝動，此後永遠反覆困在懊悔之中。

是否停下腳步照料我們在途中遇見的人，為意志設下了臨界點。往往，我們跟自己的計畫或恐懼站在同一線，而非同步於自己的核心價值。往往，我們躲藏在「中立觀點」的背後，彷彿旁觀之處是個安全的港灣，可以免於生命風暴的摧殘。其實，「中立」是一種假象，有點像我養的那隻狗，每次聽到打雷，就把鼻子塞進角落，還以為自己隱形了。所以戰地記者隨軍採訪，以為媒體證可以讓他們免於無情的戰火。想想，有多少回，我們追逐著危險，卻以為藏身於旁觀者之列，就無人可以觸及？

往往，我們跟自己的計畫或是恐懼站在同一線，而非同步於自己的核心價值。

【帶著走的課題】

- 跟摯友或所愛之人對話，敘述某個你沒有為他人停下腳步，而選擇繼續往前走的經驗。是什麼讓你做出那樣的選擇？然後，敘述某個人沒有停下來幫助你，反而繼續往前走的故事。最後，思考自己怎樣才會願意為他人停下腳步，改變原本的計畫。

8 需要幾次就幾次

在人生道路上，從某個時候開始，我們執著於「新」的東西，一心只顧著開創，深怕重蹈覆轍。然而，你是否曾想過，海洋就是透過在世界各處重複拍打著波浪，才能顯現力量與玄奧？大自然就是透過四季的更迭，才能滋養地球？至於人類，我們受苦然後去愛，學到然後忘卻，麻痺然後重生，我們一樣在季節之中重複循環。因此，**唯有安住於經驗的真實反覆，才能領受生命的教導**。

我們掙扎於兩端：對於日新月異的執著，以及反覆進入生命才能獲得的智慧。然而，我們應該一再進入生命，需要幾次就幾次，如此一來，生命的秘密才會顯露。

多少次，我們從愛人的身邊逃離，只因堅持找到新的東西？其實我們應該要做的是，在當下自身所處之地，活得更為深刻。這個道理也適用於我們在這個世間的任務。多少次，我們拋下有意義的事物，只因覺得無聊？其實我們應該做的，是為了挖掘自身天賦的意義，而穿越一再重複的任務慣性。

我認為這就是艾略特在詩集《四個四重奏》中所要表達的：

我們將探索不息，

而那探索的盡頭，
將抵達出發之地，
並初次認識那裡。

即使有些時候我們顯然必須掙脫束縛，踏入一段未知，但同樣有很多時候，我們被迫深入探索當下的處境，熱愛橫亙在眼前的一切事物，直到生命的光輝為我們揭露前路，並在其中注入活力。

然而，生而為人，懦弱的我們難免會躲藏起來，又跑出來，一而再再而三。你會發現，躲起來時，凡事似乎都不再可能，而跑出來時，凡事似乎又變得可能。就像鯨魚潛下深海，然後浮上呼吸，我們從自身的孤寂中走向世界，然後又回到孤寂。儘管如此，無論迷路多少次，每個人都擁有自己需要的東西——那就是我們自身的存在。我們唯一要做的，就是潛下去。

神妙的是，這份赤裸心靈的存在，就是聲納最偉大的一種型態，導引我們進入不斷更新的深海。而我必須坦承，穿過時間的時候，我納悶前方還有多少未知，但走進時間裡，我發現隨處滿是豐盛。生與死的呼喚與回應，如同捧住太陽的兩隻手掌，好美。

躲起來的時候，凡事似乎都不再可能。跑出來的時候，凡事似乎都有可能。

【帶著走的課題】

- 跟摯友或所愛之人對話，敘述這樣的一次經驗：當你必須重複自己且重新進入，需要幾次就幾次，才能學習並成長。對於這樣的旅程，你是抗拒還是欣然接受？最後，你學到什麼樣的一課？

9 監獄樹

我以猶太人的身分訴說下面的故事。一九四三年春天，波蘭華沙猶太區附近，一千個猶太人以臨時組裝的簡陋武器抵擋納粹長達二十八天。今日，那個地點只剩一面牆還留有當年的樣子，那是莫科托夫監獄的東牆。比被保存下來的牆壁更為動人的，是那面牆前方一株糾結扭曲的老樹。無論哪個季節，只要造訪當地必會看到樹上釘上或懸掛著信箋與卡片，每張卡片都訴說著所愛之人的故事，這些人在這座監獄、華沙猶太區，或者逃亡的過程中死去。

深入探查自己的內心，會發現每一道牆前面都有一株監獄樹。每個人的監獄都不同，但長在監獄外面的樹卻總是一樣。從天地之初開始，每株監獄樹都保存著綑綁我們、卻又解放我們的故事。這些故事涉及的東西吸引著我。

二〇〇九年，我在布拉格老猶太公墓區漫步，這座墓園於一四九三年起用之後，有超過一萬兩千塊墓碑設立於此，安葬約一萬人。墓園中土地崎嶇隆起，有如被風暴攪動的海洋。四面八方斜倚的墓碑，上下前後擠壓著彼此，上頭銘刻的名字已經磨損不清，五百年來，這些墓碑推擠、堆疊、碎裂。

這是猶太靈魂從永恆墜落時的崎嶇與碰撞，每個人的石碑都插入別人的，遠遠稱不上安息：有些帶著雨痕，有些蒙上塵土，有些長了青苔，有些被火焦黑，像被剖開的肌肉那般，這些勞苦的靈魂讓我們知道如何舉起。

為了打造獨立的心志，我花了好多年推開自身的傳統，最後發現自己屬於這座古老的墓園：翻騰、斜倚、破碎、堅強。每個人都知道這些靈魂在這裡，卻也不在這裡，這些靈魂們不斷從地底把石碑推向生之國度。我跟一位跟我祖父有著相同氣味的老拉比擦身而過。我側耳聆聽，但牆裡沒有人說話。

隔天，我前往布拉格猶太博物館。法蘭科副館長正在講述捷克猶太人的命運，他用優美的英文告訴我們，特雷津集中營是辱人的煉獄，是前往奧斯威辛那類滅絕營之前的中繼站。

他說，對於設立於一九〇六年的布拉格猶太博物館來說，最核心的負擔是一個惱人的事實：館內數千件珍貴的文物，都出自納粹的殘暴與破壞。捷克猶太人的文化之所以被保存，是因為希特勒剛愎地想在布拉格設置一座絕種民族的博物館。所以，黑暗的雲層中漂浮著一個大問號：殘暴之中怎會生出美好？我們該如何看待被邪惡之手饒過的聖物？

接著，法蘭科介紹埃爾加·霍什科瓦·魏索瓦出場。這位高齡九十的藝術家，在小時候從特雷津集中營存活下來。埃爾加一開場就表明她不喜歡「倖存者」這樣的稱號。埃爾加是一位單純睿智的女性，這位受困於此生的藝術家，其實筆下寧願描繪不同的景物。她告訴我們，在特雷津集中營時，父親曾跟還是小孩的她說：「把看見的東西畫下來。」七十年過去，現在她的兒子讓她「趁眼睛還能看，繼續畫。」

埃爾加並不多愁善感，但說起童年的好友安娜，她的眼光變得柔和。住有五十個人的營房內，安娜曾在她耳邊低語：「忘掉受苦的時光，但不要忘了從中學到的東西。」若非被剝奪童年，一個小孩怎可能有這樣的智慧？埃爾加向我們敘說納粹如何用精神的嘲弄來摧毀他們的心志，他們用靈車運送木頭與雜貨，卻用手推車運送屍體。生活整個顛倒了。埃爾加跟其他孩子被迫用棺材運送麵包。

當她從戰爭中歸來，一位鄰人不帶感情地說：「抱歉，我們沒想到妳會活著回來。食物不夠，我們賣掉了妳的時鐘換湯喝。」另一個人拒絕跟她打招呼。還有人不願歸還從她那兒取走的財物，甚至因為她活著回來而感到憤怒。埃爾加曾經認識的生活蕩然無存。

接下來的幾年非常難熬，變得憂鬱的埃爾加停筆多年，因為她不想再畫納粹大屠殺，卻又無法畫別的東西。走過黑暗期，她終於接受特雷津集中營就是屬於自己的主題，她開始在殘骸中找尋新生。

時至今日，埃爾加的女兒仍會問：「為什麼沒有一張適合掛在家裡的畫？為什麼妳要那麼悲觀？」埃爾加說：「我只是把看見的東西畫下來。」每個人都應該學會這一課：命運給你什麼，就拿什麼努力。把看見的東西畫下來；在身處的境地裡找到光明。

觀眾裡，一位盧安達人問埃爾加：「這麼多人都必須離開才能繼續，妳是怎麼回歸生活的？」接著，一位巴勒斯坦人脫口：「妳真的能夠讓過往安息嗎？」然後，一位非裔美國人問道：「怎樣才能在不打擊孩子人生觀的狀況下，跟他們談論奴隸制度？」

他們以英語發問，埃爾加沒能聽懂，於是轉頭看向法蘭科。他們以捷克語輕聲交談了一會兒，接著法蘭科幫她翻譯：「她說，納粹大屠殺並沒有帶給我們什麼啟示。然而，對於納粹大屠殺的討論，讓我們更有人性。這**才是**啟示本身。」

埃爾加在德國的老師後來跟她成了朋友，在他的要求之下，埃爾加的畫作於她在特雷津集中營監禁之後的第四十年公諸於世。她現在也會跟德國的學生談話。有位學生問她：「我們是不是應該以身為德國人為恥？」埃爾加回答：「你們不該為過去受到責難，但應該為未來負起責任。」

我心裡千頭萬緒，不知從何說起。聽著埃爾加說話，看著房內這些人的臉龐，某種痛楚慢慢浮現。我看不出誰是猶太人，但我感覺自己並不孤獨。一旦身處歐洲，身處布拉格，與猶太生活和苦難的中心如此靠近，才讓我了解到活在美國，自己的猶太人身分是多麼的不明顯。

我要坦承，這種不明顯帶給我一種特殊的負擔。我不知道在美國當一個黑人、穆斯林，或拉丁美洲人的痛苦，我不知道那種無法隱藏自身族裔的痛苦。然而，身為猶太人，我每天都能選擇是否要讓別人知曉自己的族裔，這種選擇的權利令我感到羞恥。

這是納粹大屠殺的遺毒，我們根深蒂固相信，若是被別人看出或聽到自己是猶太人，就會有危險。不曾有人刻意地教過我這種事，但儘管如此，是否要讓猶太身分曝光的負擔仍然日日浮現。

納粹大屠殺至今留下一個深刻的詰問。大多數的時候，猶太人必須對自己的猶太身分保密才能活下來，但與此同時，勇敢不屈地表明身分，卻又是猶太精神不可或缺的一部分。這種衝突該如何說得通？

生命中的每個深沉而真切的事件，都是一個機會，讓我們去探索並表露自己是誰、是什麼、來自何處。人生中所有的處境，都會重覆播放這個偉大意義，不管是二戰時廣大群眾面對生死交關所產生的微弱漣漪，還是納粹大屠殺所引起的精神海嘯，都不時撲打著我們，縱使如今已經相隔了一塊大陸和兩個世代。

這些感受是如此深刻而令人不安，我開始明瞭納粹大屠殺並非我們必須有所共鳴的歷史事件，而是人性義理的一次大地震，至今震顫仍然持續從腳下傳來。事實是，就算沒有開口說出來，風暴之後誕生的孩子們，也永遠在為風暴做準備。

我終於了解，為什麼從不覺得自己歸屬於任何土地，為什麼我總帶著一份放逐感，無以為家？現在我知道這份放逐感的來源了，那是納粹大屠殺造成難以理解的失落。

然而，我竟在布拉格那座古老公墓找到一種「家的感覺」。觸碰那些殘破墓碑，我卸下防備，也丟下所有猶太人都有的無盡準備。我是猶太人。文化上？宗教上？習俗上？或者都不是？這些敘述全都薄弱到可悲的地步。

我只知道，我愛祖父從俄羅斯帶到美國的那本磨損脫線的《塔木德經》。我只知道，我愛《米書拿》指向的無盡詰問之河。我只知道，凝視羅門．維許尼亞克的照片，我在早已逝去的眼眸中找到歸屬。我只知道，在亞伯拉罕．赫歇爾的聲音裡，我感受並品嘗玄秘。我是猶太人，無庸置疑，但此中的意義如海洋般持續舒展，把自身的一部分送到岸上，同時卻又讓自身的深邃遠離陸地。

幾個世紀以來，在猶太人被獵捕、集中、毆打、屠殺的故事之後，我只能說自己是這個族群的一份子，而這個族群超越了猶太本身。歷史就是兩個部族之間的衝突：獵殺的部族，以及接納的部族。所有的故事之後，所有的文化，所有相關人士，包括放棄的、奮起的、反抗的，一切的一切之後，我只能說我們都是一體。

我們必須直視那些暴行，因為轉頭不看只會讓殘忍如細菌般滋生。另外，不要允許任何人批判那些在華沙或布拉格失去生命的受害者。無論多麼困難，我們都必須看重那些已逝之人的回應，如此一來，才能理解每個人心中拒絕逝去的東西。不論他們是選擇自盡，嚇得躲進溝渠，或是反抗到底，若非親自身處那樣的絕境，沒有人會知道什麼是可能的，而什麼又是不得已的。我們必須明白，我們可以像花朵一樣被摧折，也可以在渺茫的希望中，撐到最後一刻。

我只知道，在所有傷口底下，我們感受著相同的失落。在所有的投降底下，我們尋覓相同的喜樂。在所有的語言底下，我們需要相同的信任。也許，因為有了這些故事，我會在不知不覺中變得更為慈悲。

忘掉受苦的時光，但不要忘了從中學到的東西。

【帶著走的課題】

- 在日誌裡敘述一個必須表明自己身分的經驗。將自己暴露於眾人眼前，帶來什麼好處？要付出什麼代價？
- 跟摯友或所愛之人對話，輪流敘述自己的族裔血脈，以及對祖先的感念。

10 學生自我與老師靈魂

跟某個學生對話時，印度智者拉瑪那．馬哈希被問到：「尋覓內在神性的同時，我們是否應該把一部分的注意力放在手邊的世俗工作上？」

拉瑪那聖者柔聲回答：「自我是一個普世共通的東西。所以，無論是否刻意讓自己投身其中，所有的行為都會繼續發展，你的工作也會自動進行……我們要做的不是努力或擔憂，而是允許以更深的天性來實踐更高力量的意志。」

學生追問：「可是，如果不刻意投入工作，我可能做不好工作。」

拉瑪那聖者回答：「照料自我，**就等於**照料工作。」

我們該如何理解這段對話？當拉瑪那聖者提及照料「自我」，指的是我們隨身攜帶的核心精神。那個核心精神比個人身分更為宏大，比個性更為古老。他指的是印度文namaste的概念，意思是「我向棲居於你體內的一部分神及部分宇宙鞠躬。」當我們照料內在的神性，就等於照料了工作，工作就會自動進行。

要理解這個道理，我們必須探究老師與學生雙方的預設。學生問題的本質在於，假定內在跟外在的工作是兩者分開來的，所以他的提問關係到時間管理：如何同時照料兩件重要的事？他尋求的是技術上的指引：如何才能做得更好？

然而，老師回答的前提是，這兩件根本的生命工作實為一體。所以老師說，照料其中之一就等於照料了兩者。如同照料一棵共根的雙生樹，澆灌一棵，就等於同時澆灌了兩棵樹。修剪一棵，就等於修剪了兩棵樹。

學生或許不明白這樣的道理，但拉瑪那聖者只能回答自己所知的真理：照料「自我」的同時，就等於照料了外在的工作。宇宙棲居於工作之中，透過身處此時此地的工作，我們找到一種內在的神性。拉瑪那聖者所言並非只是一個觀點，而是一種根本無須辯駁的精神狀態，如同物理學的重力那般的理所當然。

我們心中的學生尋求時間管理的技巧，而我們心中的老師則提供理解現實的法門。

我們對靈魂的詰問，以及靈魂帶給我們的回答之間，存在著根本的差異，於是，我們總是在保持真我的人性掙扎中反覆抉擇。在深入探究之前，容我說明一件事：其實每個人體內都有這兩種聲音：學生的聲音不斷尋求管理生命的最佳技巧，而老師的睿智聲音不直接回應問題，而是提出理解現實的不同方式。如果我們敢於嘗試，往往就能消解學生提出的難題。

這並不代表沒有問題需要解決，重點是，我們是從整體性的掌握去處置問題，還是任由問題的壓力與急迫性來左右我們的選擇。重要的是，我們必須承認，學生自我與老師靈魂對於世上的生命體來說都是不可或缺的，沒有學生自我來控制這趟存在之旅，我們可能就無法在世間生存，而沒有老師的靈魂來引導我們進入生命的視野，生存也就失去了意義。

且讓我們仔細觀察這些內在的聲音。每次遇上問題，總會出現選項：要聽從內在的老師，還是著眼於問題的外在情境。這個選擇的核心在於一個非常個人且時常重複的作法：要把能量投注在承載問題的生命之流，還是放在從處境之中升起的恐懼。

一旦學生自我堅信內在與外在是兩個分開的世界，我們就強化了自身的壓力與疑竇；而如果我們勇於臣服，聽從內在老師的指引，擴大接納事物的方式，我們就加深了自身的韌性與信念。

當我們感覺壓力變得更大，就有了第二個選擇：是用更完美的掌控來維持一切，還是探查這些催逼力量的底層，去理解萬事萬物互相拉扯卻又牽連的地方。透過萬物一體的角度，更能辨識出能夠俐落穿越問題的方向。

往往，焦慮自我會急著攻擊問題，試圖應付、維持或解決已經啟動的形勢，而內在老師則選擇往後退一步，省視自身的假定，甚至去思考問題的基本定義。如果能夠承受內在的老師所引發的迷惘與不適，儘管步伐笨拙，我們仍能往更偉大的真實邁進。

所以，怎樣才能承受以不同方法來理解現實所必經的迷惘與不適？這取決於我們選擇固執任性，還是敢於冒險臣服。此外。這又帶來第三個選擇：要埋首其中，堅持己見，試圖抹殺問題；還是選擇臣服，讓自己沉浸於對事物更深的理解之中。往往，若能透過臣服踏入更深的感悟，就會意識到一個更大的脈絡，然後內在認可的行為便會隨之清晰浮現。

臣服往往被誤解為是放棄主動性，事實上，它比較像是投身於圍繞著自身與問題的力量之流——如同印地安人在發送狼煙前，會先舉起沾濕的手指去感受風向。

學生自我的警醒想保護我們免於生命的殘害，而老師靈魂則清楚一件事：最好的保護，就是讓問題沉入生命之流。對隨機的恐懼讓我們過度控管風險，而靈魂卻一再示範如何冒著風險，找到承載我們的生命洪流。終究，一旦能夠沉浸於對事物更深的理解，那麼與其說問題被解決了，不如說問題被「化解」了。有了這種程度的投入與生命力，生而為人就是第五元素。

我們心中的學生尋求時間管理的技巧，而我們心中的老師則提供理解現實的不同法門。

【帶著走的課題】

- 冥想的時候，讓自己在核心緩慢呼吸。隨著每次呼吸，試著漂到你內心的處境與問題當中。緩慢吸氣，了解自己在進入的瞬間，不需要被管理或解決。隨著每次呼吸將自己敞開，感受存在之中那個深刻的部分。隨著每次呼吸，試著用老師靈魂的眼光看待這個世界、你的問題，以及自己的人生。在這一天中，試著以這個更深的觀點看待問題與顧慮。注意身體壓力的轉變。
- 在日誌中，用一個最近面對的問題來對自己進行一場研究，探索學生自我與老師靈魂之間的對話。用任何方法去探究都可以。問自己以下問題：是用內在老師的眼光看待問題，還是冥頑固守著問題的外在處境？是試圖維持住整個局勢，還是試圖理解事物底層互相牽扯卻又互相連結的地方？是堅持自己的意志，還是試著理解那個能夠容納自己、更深層的生命之流？

11 本初的步伐

一頭公牛因為一片草原而感到滿足，一座森林足以供養一千頭大象，然而，一個小男孩卻要吞噬掉所有活物。

——塞內卡

人類對自然與環境的顧慮有著古老的根源，我們一直在消耗地球與尊崇地球之間掙扎。許多文物因為伊拉克戰爭而出土，包括在庫德斯坦地區發現的一塊泥碑。這塊泥碑為人類已知最古老的敘事文字《吉爾伽美什史詩》增添了二十行，刻有這篇史詩的十二塊亞述碑文可以回溯到公元前兩千年。蘇萊曼尼亞博物館只用了八百美金，就從偷盜者的手中購入了這塊新的泥碑。《吉爾伽美什史詩》的主人翁是個暴虐而獨裁的國王，為了求取永恆的名聲，他向自然神祇胡姆巴巴宣戰，同時也將唯一的朋友恩奇都給捲入了這場戰爭。

新出土的碑文揭露了恩奇都的罪惡感，他因為殺了自然神祇並毀滅胡姆巴巴的雪松林家鄉而悔恨不已。恩奇都說：「我們把森林化為荒原。」因冒犯神明而產生的憂慮，讓恩奇都幻想出一個憤怒的神，這個神在恩奇都與吉爾伽美什返家時質問他們：「出於什麼樣的憤怒，讓你們可以踐踏森林？」

這個故事出土的時機正好，這個善意天使提出的詰問已經在我們耳邊迴盪了好幾個世紀，此時尤其切中要害。我們究竟承載著什麼樣的憤怒，才會一次又一次去踐踏森林、地球及彼此？

其實，當前的生態危機驗證了一個深層的精神問題，讓我們因此縮小了同情的範疇。感到空虛時，我們為了填滿自己而用盡一切資源；感覺微不足道且轉瞬即逝時，我們為了感覺自己重要與永恆，而在地球留下了不可磨滅的痕跡；感覺自己不完整的時候，我們讓任何完整的東西都破碎。

打從人類穿梭時光的旅程之初，我們就一直透過自我膨脹及製造聲響來平息那股對死亡的恐懼。感覺不足的時候，我們囤積珠寶與力量。渴望感官的刺激時，我們為了達到驚懼的效果而不惜散播暴力。

儘管如此，每個人還是生來就帶著存在的燈絲，這個燈絲有很多名稱。本質上，在所有的憂煩與壓力下，人生在世，我們都要服務一個作為嚮導的精神之光。我們生來就是要讓彼此完整：每個人來到世上都帶著一份渴求，渴求與其他的生命融合，這是一種精神授粉的形式，我們在無意中渴望他人的花蜜，並在愛過之處留下精神之光的痕跡。

生於內在的，賦予這個世界深度，而生於外在的，賦予這個世界世俗，而橫跨兩者之間——融合了深度與世俗——就是整體性的追求。縱然我們可能在擾動中帶來破壞，但我們與存在、熱愛及完整的彼此之間，只有一口呼吸的距離。當世界因為數千次授粉而在春天復甦，一種精神的重生也因為所有人天生都要參與的授粉使命，而在每個世代綻放。

即使人類有無數種失足與破壞的可能，意識的目的，就是要減少個別身分與作為的距離，減少所知與所愛的距離。

我們一直都明白，必須像關愛自己那般關愛地球，雖然我們往往不願接受這份真理。在阿拉斯加的迪納利國家公園，位於地表下的永凍層是一種支撐地面的精細結構，一遭踐踏，這些維持一切的結構就會瓦解。因此，迪納利國家公園要求登山客**不能**重複踩踏同一個地方兩次，不要前後跟著走，也不要踏出步道範圍。登山客不被允許一個跟著一個前後走，而要肩並肩前行。

如此一來，在沒有刻意營造的狀況下，逐漸成形的是一個足以維持一切、由本初腳步所踏出的網絡，而非把一切分割開來、越踩越深的單一溝槽。同理，社群生活也取決於我們如何養護這片腳下的共有土地，如何肩並肩，輕柔地踏出每一步。

縱然人類有無數種失足與破壞的可能，意識的目的就是減少身分與作為之間的距離，就是減少所知與所愛之間的距離。

【帶著走的課題】

- 在日誌中敘述當你感覺微不足道時，曾做過什麼來讓自己感覺重要。那個行為能夠減輕那種微不足道的感覺嗎？如果還有機會，你會有什麼不一樣的作為？
- 跟摯友或所愛之人對話，敘述你在無意之間幫助世界進行精神授粉的經驗。

12 分配重量

每個人都會受傷。什麼圈困你，什麼鞭打你，什麼驅策你，什麼折磨你，重要的是找到一種方式，藉由這些創傷，來讓自己跟其他活著的人產生連結。這就是唯一必須運用傷害來做的事。

——詹姆士．鮑德溫

你我交談多年，就像魚兒在河底以嘴探索小石，找尋可以讓自己前行的東西。昨晚的對話打動了我，這是經常發生的事。我了解你覺得苦難總是存在於生命中，這些背景中的苦難與有幸遇上的祥和和豐盛，無端產生了對比。

我也有同感，但我領悟到世間每一個人都是輪流處在這些境地，而所有人一起受苦，並沒有好處。當我們很幸運過得不錯，只要保持能被他人觸碰的狀態，就能在當下擔任起光的導管，藉此來平衡這個世界。

惻隱之心總在呼喚，要我們拓展同情的範圍，永遠不對那些有需求的人關上心門。這並不是說，我們不需要在現實生活中實際去幫助他人。然而，倘若你不能提供實質的幫助，那麼，在你幸福的時候，只要認真去感受幸福，就能為黑暗注入光芒，分擔世界的重量。

受苦的時候，我感覺到自己被那些封閉在幸福中的人們給拋棄了；反之，那些沒有忘記世間苦難的人們，他們的幸福往往能帶給我鼓舞，他們的溫柔如同陽光，溫暖了我所處的痛苦之地。

不幸者的苦難長駐我心，這樣的信念讓我寫下這首詩：

在乳白的海中

當你把牛奶淋在麥片上
我心懷感恩
因為牛奶流過乾燥穀物的聲音
因為起床一起用餐的和平
像小動物般靜靜盯著彼此
我意識到我們如何跌跌撞撞
卻又安全地穿過永恆
沒有一出生就被獵殺

或被驅趕入林
或被迫分開
或因為軍閥認定的隱匿秘密
而被拷問毒打
我閉上眼睛啃一口吐司
我們怎會有幸活在一個有著自來水
雞蛋與牛奶都充足的地方？
暴行與奇景
穿過我翩翩飛行
它們的血流進彼此體內
我無能為力
牛奶好喝
我的雙胞胎在某處奔跑
似乎不可能同時感受那麼多命運
卻又似乎不可能不去感受

儘管如此，在某些日子裡，我因自身的恐懼而忘了人與人之間的連結。而當我終於在微小的美好中安歇，又害怕放任你的痛苦進來，會令我沉入可怖的黑暗——彷彿穿過我的那些美好與平和，是一種屬於自己的東西。

狀況好的時候，我會記得要將這一寸借來的光，傳承給困於苦難的他人，因為我們都是苦難的一部分。自己領受了什麼禮贈，就必須超越渺小與黑暗帶來的崩潰感，成為這些禮贈的渠道。

當我們能夠接受自身的所有可能，包括各種冷漠與殘酷，就能以感受為基礎，理解並接納每個人的完整人性，這就是解放惻隱之心的謙卑之道。如此一來，接受自我就成了接受世界的開始。這並不是說，要去接受對彼此造成的傷害，而是說，儘管對彼此做出了傷害，但仍然相信人類天生就有修補傷害的能力。

我花了好多年才了解到，智慧就潛藏於苦難的人群之中。既然大家都受苦，那麼每個人都擁有我們所迫切需要的智慧，每個人都獲得了別人需要的觀點。然而，我們還是不敢詢問那些身處苦難的人：「痛苦讓你看見什麼？」不敢詢問那些瀕死之人：「處在這個高度，你怎麼看待生命？」不敢詢問那些站在恐懼中的人：「那些顫抖揭露了什麼真理？」

我們遺落什麼，別人就拾起什麼。我們丟失什麼，別人就覓得什麼。我們忘卻什麼，別人就憶起什麼。我們的所愛如野草蔓生，人生與經歷為我們還未見到的春天播下了種子。

昨晚與你的一席話改變了我，因為我們揭去了心防，比以往更貼近真實。到頭來，在世上走一遭，就是要在受苦的時候受苦，在喜樂來臨時享受喜樂，如此，我們才能平衡人生在世的重量。

惻隱之心總在呼喚，要我們拓展同情的範圍，永遠不對那些有需求的人關上心門。

【帶著走的課題】

- 在日誌中敘述這樣的經驗：在痛楚與哀傷之中感到孤獨不已，因為認識的人的拒絕，而讓你的痛苦哀傷跟他們的快樂喜悅無法交織在一起。這對你們的關係產生了什麼影響？
- 跟摯友或所愛之人對話，討論並探索如何在知道他人受苦的同時感受著快樂，如何在心中整理出一個可以兼容兩者的空間。

13 在世間的旅途

每個誕生於世的人，都接受了順利生存與成長茁壯的挑戰。但是，如果只是存活而沒有成長，那麼意義何在？心心念念的只有存活，就會變成一個實用主義者、悲觀主義者，甚至是虛無主義者。迷失於生存齒輪中的我們必須接受的挑戰就是，在受苦的**同時**讓美進駐，在掙扎的**同時**讓愛進駐。掙扎的時候，那些把一切連結起來的，那些能因此發揮韌性的，那些能將我們不斷更新的，就是**關係**。關係，就是內在健康的生命之血。

然而有些時候，生存的騷亂讓我們遍體鱗傷，我們身上遍佈著濃稠的殘渣。透過這層渣膜，可能產生一種會扼殺生存努力的黑暗聲音，讓我們無法去親吻土地，也無法仰望太陽。在這樣的糾結之中，我們可能會被恐懼與憂慮所誤導，被懊悔與失望所誤導。我們看見的世界因為哀戚的層層遮蔽，而變了顏色。

恐懼、憂慮、懊悔、失望與哀戚的感覺，都可以當作自然而睿智的導師，只有在拒絕讓其他的生命感受進駐，才會令人衰弱。我很明白，因為我曾因恐懼而變色，也曾因失去了原以為可以依靠的人而衰弱。然而，這些都是生而為人舒張與收縮的一部分，都是我們在這世間旅途的一部分。

無可避免的，我們必須接受挑戰，穩住匱乏的聲音，安撫恐懼的誇大，然後明察痛楚的輪廓……直面經驗中更為艱難的部分，都是沒有終點的練習。倘若放任這些部分不管，它們將在靈魂中製造混亂，進而在這個世界製造混亂。

儘管如此，每一次我們被愛打開，隱藏的東西就會隨著不斷進化的世界浮現出來，讓心靈擴張，直到更接近事物的本質。經歷這樣的時刻，我們變得更為完整，更不擅隱藏，因為內在與外在世界——其實就是一個世界——在我們體內一同被冶煉。似乎，暴風雨之所以存在，就是為了破除我們的習性，在被經驗強行打開、受到慈愛的安撫之前，唯一的選擇就是成為生存真義的學徒。

跟所有生命型態一樣，我們不斷開闔。事實上，對於迎面而來的東西，我們太習慣於將它們分門別類，因此錯失了經驗累積所能給予的指引。

正常的情況下，我們做愛、睡眠、吃早餐、看牙醫、在大雨中開車回家，這些行為彼此之間並無關連，然而就在前幾天，我突然無法把這些事情區分開來，結果，當它們合起來時，讓我突然明白我的牙醫是個多棒的人，因為我能夠用愛人的眼光看待他。我熱淚盈眶，在那個柔軟時刻，我了解到，擁有感受的能力是一種多大的恩賜。

然而，我們習慣放任迫切感氾濫。跟所有人一樣，我耗費了太多時間去應對警告和災難，其中有許多回，一旦抵達現場，就會發現其實並沒有想像中那麼迫切。事實上，除非有人流血或無法呼吸，否則沒什麼事情是迫切的。

當然，我們面對的事情都有其重要性，問題也層出不窮，而意外的壓迫一直都在。然而，縱使重要的事很多，迫切的事卻很少。這份理解就是平靜之門。「生存」每天都要我們付出許多，「活著」卻對我們沒有任何索求。褪去所有的迫切感，**活著本身就是一種獎賞**。

在醫院跟癌症奮戰的日子裡，我內心潛藏著一份迫切，我看不清根源，卻又放不下。隨著時間過去，我領悟到，把每個處境都變得迫切，只不過是跟死亡的恐懼玩捉迷藏罷了。終於，這份持續的迫切感耗盡了我的精力，令我崩塌落入被賜予的當下。當那個當下在我周圍展開，再一次，我又可以汲生命而飲。

此後，我明白在迫切的時候，人會緊縮，生命會擠壓。反之，當我們因為筋疲力竭或是被愛而產生臣服的感覺，人就會舒張，生命會流過。生而為人，我們永遠都會因為各種迫切而緊縮，但時候到了，又會因為臣服而舒張。沒有人逃得過這種循環。但我們必須知道，迫切就像心靈或腦袋突然間抽筋那般，終究會過去。

事實上，在巨大痛苦與筋疲力竭的另一端，我們往往足夠穩固，擁有安於事物原貌的力量。因為在處境的亂流與情緒的波濤之下，我們的挑戰就是放下那些來自四面八方的迫切壓力，這樣才可能發現那股連結世間所有生命的力量。一旦觸碰到那口眾生共有的精神之井，就能踏入靜止狀態，感受所有煩憂之下的存在基石。

這些年來，我了解到內在世界並非用來逃避外在經驗的避難所，而是一個吸收入世力量與智慧的練習場。

活起來與活下去的任務是那麼美好，而且沒有終點。每一天，我們都被要求以真實的步調前行，為了全心全意而甘冒風險，並且保有溫柔、慈愛與堅強的勇氣。這些真實的誓約讓我們得以成長，然後在茁壯的同時修復彼此，照亮這個世界。

即使重要的事很多，迫切的事卻很少。這一份理解就是平靜之門。

【帶著走的課題】

- 在日誌中，開啟心中對於生存的需求，以及成長茁壯的需求兩者之間的對話。心中這兩種聲音如何衝突？又如何讓彼此完整？
- 跟摯友或所愛之人對話，講述當下讓你感受迫切的事物，討論這是什麼感覺。內心迫切的感受與實際狀況的迫切程度，是否符合比例？

第二部

真正的遺產

敢於冒著溫柔的風險，就能減輕恐懼。每個人的堅硬背後都有一份柔軟在等候，如同落入深海的堅硬貝殼，內部總有柔軟的蠣肉。受傷時，我們難免不擇手段捍衛這份柔軟，不讓它暴露於冷漠的世界，不過就算害怕，當我們願意放下防護，就會發現身上什麼都沒帶的感覺其實很好。要真正活著，就要用與生俱來的柔軟，去接觸這個世界。

醒著的人共享一個世界，而睡著的人轉身，各自進入自己的世界。

——赫拉克利特（Heraclitus）

許多傳統都存在著所謂的「精神戰士」，而當我們說起這個詞彙，描述的是一段蛻變的旅程，那是面對生命帶來的風暴，仍然堅定不移固守著愛與真實的旅程。

「戰爭」（war）一詞源自印歐語系的字根wers，本意是困惑、混雜。戰爭及其必然帶來的衝突——彼此之間與各自內在的——來自於一種困惑的狀態。因此，一名精神戰士必須致力於理清存在於自己內心及世界上的困惑。

「老兵」（veteran）一詞泛指經驗老道之人，源自印歐語系的字根wet，本意是「啟發或投入精神」。這些字源指向一個相關的呼喚，要我們在投入精神的同時，意識到內心有如駝獸的負累，直到認清一切困惑，並且扎下恆久的根。這就是真正的遺產；這就是精神戰士的任務；這就是人生老兵的工作。

上述不只是個人層面，也涉及了整體社群。這份工作難以捉摸卻又不可或缺，必須獨自承擔卻又無法獨力完成，但是，沒有什麼東西比這件事更值得追求了。

這個部分的章節探討一些發掘真實遺產的方式，以及分擔負累並理清困惑的方法。

14 生命之火

生命的法則殘酷而公正，要求人非成長不可，否則就得為了保持原樣而付出更高的代價。

——諾曼．梅勒（Norman Mailer）

在猶太教的傳統中，心靈就是一個人真實本質的冶煉之缽。

——蓋爾．戈德溫（Gail Godwin）

我們每天都會遇見兩種火焰。第一種是生命的火焰，它會燒掉所有本質之外的虛假，讓我們回歸喜樂。無論到哪裡或做些什麼，我們都得餵養這把**生命之火**，它是持續燃燒的靈魂之光。第二種是世界的火焰，它可能會將我們焚燒殆盡，帶來損毀與傷害，這是必須被撲滅的**處境之火**。

要如何分辨這兩種火焰？我也不知道。我曾被第一種火焰燒去多餘之物、僅剩本質，也曾被另一種火焰燒到重創，不只一次。儘管如此，如果要理清困惑並扎下恆久的根，就需要彼此協助，才能知道應該去餵養何者，又應該澆熄何者。我認為，愛的任務就是幫助彼此辨明這兩種火焰。

當你的東西被奪走，我們理當感受到撕裂與拉扯，然而一旦褪去了外面覆蓋的東西，也不失為一種讓自己成長的方式。也就是說，減輕負擔讓我們變得更加原始而赤裸，更方便我們在生命元素的碰撞之下進行蛻變。這似乎是內在世界給予的承諾——如果你能敞開自己，面對生命，就能滌除那些死去的重擔，磨去功成身退的覆蓋之物，修剪掉如同藤蔓般隨處滋生的糾纏。

無可避免的，我們把前半生用來積聚東西，卻在後半生被迫清空那些攜帶著的東西。我們沿途收集知識，累積成就，盡可能的儲蓄，但在所有的覆蓋之下，我們渴求那有如繁星般的赤裸自由。

在功成名就的狀態下，那個亟欲建造的靈魂，並不在乎自己建造的是什麼。但是，唯有褪去積累與囤積，我們才能再次建造。因此，這個循環將不斷持續下去：積累、建造、受自己建造的東西所覆蓋、燒掉本質以外的東西，然後才能準備好再次建造。

在接近本質的那個瞬間，我們只剩下必須活在當下的使命，如同浮上水面求取食物的魚。藉由積累，我們得以**發現**自己；藉由清空，我們得以卸下世界，**成為**自己。透過這種赤裸的存在，我們體驗到簡單而紮實的生命經驗。

這讓我們領會到關於「命運」更具說服力的定義。命運並非某個特定夢想隨著時間而成真，而是精神力透過包含自我在內的一切，穿透這個世界。這種精神的放射與重力是互相呼應的，如同花朵為了綻放而努力破土，人類注定把靈魂帶進世界。縱使有一千種阻礙，但精神的放射卻能以一千零一種方式發生。

這樣一來，我們的命運就是接受被這個世界所打磨，好讓靈魂得以顯露出來，與萬物結合。靈魂顯露並且順利與萬物連結，是一種非常喜樂的感受。

然而，四處都是風暴，我們如何分辨人生中的兩種火焰？我認為，我們必須靜立於風暴之中傾聽真實，直到聽見比自己更為古老且更能反映現實的聲音。這需要一種安靜的堅韌，誠如丹麥哲學家齊克果所言：

當我的祈禱變得更內省、更專注，要說的話就越來越少。我終於完全靜默下來……就是這樣。祈禱並不是自言自語，它涉及保持靜默，以及等待自己聽見上帝的聲音。

經驗是神秘的導師，以這種方式傾聽，我們就能在經驗之中發現真實。

儘管如此，活在生命之火與處境之火之間，讓我們落入了另一種矛盾。就算沒有人可以幫你度過人生，但如果單靠個人經驗，我們會很悲慘地欠缺過日子所需的智慧。不張開眼就看不見，同理，我們也需要自身經驗及他人的陪伴來打開深層的心智，就算只能靠自己去看。

雖然說，比起封閉狀態，我們更希望敞開，但是如何在兩種情況之下成功運作，才是最大的挑戰。生而為人的使命，就是在反覆的敞開與封閉之間找到真實的自己，如同日復一日的醒來與睡去。另外，因為愛或受傷而敞開之後，又該如何承擔那份溫柔？這個問題的解答幾乎跟世上的生命一樣多。

敞開太過，我們就可能受傷或負累；封閉太過，我們就可能變得疏離或無法觸碰。多數時候我們在兩者之間跌跌撞撞，這就是我們的生活：冒險踏進真實而不旁觀生命的流逝，也不被處境之火燃盡。要怎麼做？誰知道？這是每個人遲早必須面對的張力：如何被生命碰撞，而不被其烈焰吞噬。

那些在人生早期就因處境之火而受創的人，傾向於把人生看成一場必須撲滅的火焰。反之，那些在人生早期因生命之火而活躍的人，則傾向於把人生看成必須點燃的火焰。這兩種人往往會找到彼此——作為情人、朋友或同事——為了挑戰彼此，為了平衡彼此，或者是，為了讓彼此完整。精神旅程會在適當的時候邀請我們去理解這兩種火焰的本質。

漢娜與愛德華於二戰結束後相遇，深深愛上彼此，儘管他們的生命旅程有著天淵之別。漢娜是經歷猶太大屠殺的孩子，她的意識已然被多數孩童不曾見識過的極惡暴行所焚燒。在很小的時候，漢娜就受到處境之火灼燒，所以她相信這個世界並非一個安全的地方。每到一處，她都預期將有火焰爆發。

反觀愛德華，這個鐵路大亨的兒子在費城長大，多數時間都受到周密的保護，免於人間疾苦。透過音樂和科學以及靜候於當下的深層探問，愛德華接觸到的是生命之火。儘管生命中難免有壞事發生，但他相信這個世界在本質上是安全的。

漢娜與愛德華在彼此身上看到同樣的深度，即便兩人獲得這份深度的方式並不相同。他們的愛非常強大，隨著歲月過去，人生持續帶來了意外，他們會爭論生命是安全還是危險，是良善還是邪惡，是公正還是隨機，但是兩人都默默藉由對方的觀點來平衡自己。如同X和Y染色體，漢娜與愛德華如兩種火焰的原子般融為一體，他們結合成為一顆試圖存活的生命細胞，充滿了活力。

能夠拯救我們的敏感度，往往也能把我們打倒。充滿天分的詩人普拉斯（Sylvia Plath）於一九六三年自殺身亡，她當時只有三十歲。當然，她患有憂鬱症，但她也具備那種無法自行切割、神一般的敏感特質。於是，她無法逃脫處境之火，卻又無法餵養生命之火。普拉斯可以被視為現代版的濟慈（John Keats），一個在自己的完整智慧尚未吐露之前就被噤聲的早熟生命。

普拉斯的丈夫是詩人泰德．休斯（Ted Hughes），不幸的是，他們的兒子尼可拉斯在二〇〇九年也上吊自盡。尼可拉斯自殺前的幾個月，休斯在給兒子的信中寫道：

> 這就是衡量對他們該有多少敬重的方式——看他們能夠感受的程度，看他們能夠攜帶並承受多少生命的電壓。

透過這段深刻的話語，我感受到身為鰥夫的無力父親試圖彰顯生命之火的力量，以及處境之火的危險。他試圖警告敏感的兒子，生命電壓的電能與痛苦之間有著一線之隔，但每個人都必須獨立於兩種火焰之間，找到屬於自己的道路。

說到天生擁有神一般的敏感，梵谷是另一個令人痛心的例子。生命之火咆哮著穿過他，灌入畫作之中，而這份敏感卻也讓他遭受處境之火的吞蝕。每個人都有不同程度的敏感，而人生的功課之一，就是學習如何在不切斷敏感的狀態下，將敏感化為一種資源，從所知之中汲取力量。

這是一份令人謙卑的真理：我們活在夢想的點燃與生命的火焰之間。我們一直困惑於夢想就是自己的去處，卻錯過夢想燃燒時的壯美。如濟慈所言，必須具備真與美，我們才能挺過人生。此外，我還會加上愛。當處境之火以烈焰燒灼一切，真理能幫助我們澆熄烈火。而從愛之中升起的美，則能幫助我們讓生命之火保持不滅。

這是每個人遲早必須面對的張力：如何受生命碰觸，卻不被其烈焰吞噬。

【帶著走的課題】

- 在日誌中敘述自己為了積累、建造與儲存而付出的努力，以及這如何幫助你發現自己。接著，敘述自己為了清空、發掘與丟棄所付出的努力，以及這如何幫助你成為自己。
- 跟摯友或所愛之人對話，敘述餵養生命之火的經驗，以及這如何讓你保有生命力。接著，敘述撲滅處境之火的經驗，以及這如何減輕一些痛苦與恐懼。最後，探討自己如何體驗生命之火與處境之火之間的差異。

15 土地的耐心

有一天，路不去不來。
路非路，而是一處。

——溫德爾．貝瑞（Wendell Berry）

我並不是很想去，但我們還是出發前往班戈。我們在一個閃黃燈處右轉，到了哈斯丁城再右轉，沿著一條泥巴路開到Blue Dog Greens。在黑河與火車軌道之間，那是一片二十八英畝的美麗土地。丹尼斯跟蕭娜在這裡照料一個有機農場，過著簡單的生活。

那是七月某個有風的晴天，包括我在內，有將近三十個人來這裡幫忙收割大蒜。約有一英畝的大蒜田要處理：拔起、甩淨、搬運、綑綁，然後放在屋棚的椽上，以防動物啃咬蒜瓣。

幾輪之後我已抓到訣竅：直接拔莖，這樣大蒜才不會在土裡碎掉。有些很好拔，彷彿等候已久，等待人們終於將它拔起，使其誕生於世。有些則緊抓著土壤，彷彿在說：「我還沒準備好，先別來採。」無論如何，在根脫離地面之前，一定有一個小小的拉扯之力。

大概拔了五十株蒜苗之後，我站起來舒展腰背，聽見田地邊緣傳來風把橡樹與楓樹吹彎的聲響。我看見大夥兒散步田間，彎腰採著蒜株。那一瞬間，有一種感覺自心裡升起：某種無以名之的群體穿越了時間，聚集於此收割作物，拔取能從土地拔取的東西，然後風乾、靜候，待土地冰凍而環境艱困之時，就能得到餵養。

這並不簡單。我指的不是拔蒜這件事，而是**土地耐心等候自己產出能夠餵養人類的可食之物**。雖然收成總讓人聯想到獎賞，但整個過程其實複雜得多，吐露的訊息也多。

那是地球特有的堅韌。土地為了接收種子而將自己敞開，人們灌溉直到種子生根，保護種子免受飛鳥、兔子或浣熊所食，清除雜草以免作物在成長過程中窒息。終於，可食之物長出了根莖，然後我們將其連根拔起，餵養自己。

這並不殘酷，這種自然的運行之道只有在人們忘卻收成的真意時，才會顯得無情；只有在人們忘卻這個過程與自身的連結，才會顯得浪費。我們熱愛與想望的一切都需要這種耐心，直到重要的東西像植物的根抓住土壤那般抓住我們，我們才能將其拔起，用以餵養自己。

有些很好拔，彷彿等候已久，待人們終於將之拔起，使其誕生於世。

【帶著走的課題】

- 在日誌中敘述某個東西隨著時間在你身上生根的過程，這個過程如何讓你理解生活的本質？
- 跟摯友或所愛之人一起參與某種形式的收成。結束後，討論各自對這個經驗的感想。敘述這次經驗的哪個面向適用於被稱為成熟的內在收成。

16 保持可能

我為了蛻變而測試自身的極限，但我也從觀眾身上汲取能量，並將之改變。能量會以不同的方式回流到他們身上……強大的表演會讓房內的每個人蛻變。

——瑪莉娜．阿布拉莫維奇（Marina Abramovic）

一個女人大老遠從澳洲跑來，只為了坐在她面前與她對視。另一個年輕女子站在她面前褪下衣衫，她後來哭著說，她只是想用自己的脆弱迎接瑪莉娜的脆弱。一個看來心事重重的男子一言不發坐在她面前一整天，同時，其他排隊等候的人越來越焦躁。

加總起來，瑪莉娜．阿布拉莫維奇在紐約現代藝術博物館中庭的圓燈之下，在一張木頭椅子上，坐了六百三十二個小時。從二〇一〇年的三月十四日到三月三十一日，這位頑固又溫柔的藝術家公開邀請每個人坐在她面前的單人椅，在靜默中彼此對視，沒有時間限制。

這是一種啟發：為了看見並接納陌生人的心靈，付出自身所有的存在與關注，直到那份陌生煙消雲散。如此靜默的給予，把自身的存在像種子一樣散播於世上。

一天天過去，她召喚的開放形成了一股強大的引力，博物館外開始出現排隊人龍。有些人只坐上一會兒，有些人待得比較久，每天都會有幾個人淚崩。一天天過去，群眾越來越多，兩張椅子上，存在於兩個個體的真實接觸力量有如漣漪般在人群中擴散。這場名為《凝視瑪莉娜》的活展覽，是藝術家生涯回顧的一部分。

七十多歲的瑪莉娜·阿布拉莫維奇是位傳奇的行為藝術家，她的畫布就是現實，她的畫作則是展覽活動，她企圖觸發那些不斷糾纏並連接彼此的複雜情感，無論我們如何試圖自我孤立。

超過四十年的歲月，她將自己的肉身與存在化為一張試紙，暴露並記錄人們如何殘暴的對待彼此，又如何溫柔的呵護彼此。透過誠實無偽的實驗，她揭示身處群體之中所帶來的危險與餽贈。她把失敗的暴力與成功的愛，直接攤在世人眼前。

《凝視瑪莉娜》打破紐約現代藝術博物館的紀錄，吸引了超過五十萬名參觀者，其中有一千四百個人坐上藝術家對面的椅子。最後一個月，瑪莉娜把兩張椅子間的桌子挪開，一切變得更直截、更即時，也更有價值。

靜坐不動這麼久是很困難的，選擇沒有扶手的椅子是個錯誤。「這個小細節讓過程更為煎熬。」她說，「我的肩膀下垂，手臂腫脹，痛楚不斷增加。接著，肋骨陷入了臟器，身體上的痛苦難以言喻。但是，某個靈魂出竅的時刻，那些痛苦消失了！」

瑪莉娜在一九四六年出生於當時仍是南斯拉夫的貝爾格勒，她那嚴格的父母親是戰後狄托政府的軍事英雄。她說：「當人們問起故鄉，我從來不回答塞爾維亞，我都說我來自一個已經不存在的國家。」歷史上很多這樣的例子：受到戰火侵襲的土地餵養出全球性的子民，他們的聲音不屬於任何人，卻為整體人類發聲。

在紐約現代藝術博物館中庭，隨著日子推移，你會察覺瑪莉娜的表情逐漸放鬆，你會察覺她的心靈接管了肉體，你會發現她那雙原本深邃的眼眸變得更加深邃，直探潛藏於身分與名字之下的地帶。

我認出那個地帶就是永恆之吻，在我罹癌時期差點把我帶走，但不知何故，又以一種生猛的心靈能量讓我復活。也因著那一份生猛，在彼此相遇之前，我就已經認識了所有人。瑪莉娜的神情似乎也以同一種方式敞開，當她任由一個個靈魂把各自的痛楚傾倒於兩張木椅間的安全地帶，城市裡這個靜謐柔軟之處開始變得神聖無比。

藉由百分之百存在於當下，瑪莉娜把每個坐在對面的人體內的生命力與可能性，牽引到公眾空間，迅速帶動了彼此生命力的交換與刺激，如同水、風、陽光撫過那些沉睡的草木。生命力在人與人之間劃出一道拋物線，讓他們在一瞬間憶起自己還活著。除此之外，我們豈能向彼此索求更多？

瑪莉娜在靜止之中完全赤裸而透明，毫無保留，不給予任何無關的東西。她在全然靜止中端坐了六百個小時，有如一株緩緩綻放的花朵。真實存在的人們證實了一件事：社群之所以成形，關乎的是全然的在場，而非成就，關乎的是生命力的交換，而非那一丁點被冶煉成金的天才。

一九七四年，瑪莉娜在拿波里舉辦了她生涯中最危險、卻也最意味深長的活動：《節奏O》。她靜立不動六個小時，身邊擺放了七十二件物什。有些物件能帶來歡快，有些則造成痛楚。這些物件包括了玫瑰、羽毛、蜂蜜、鞭子、剪刀、手術刀、火柴、口紅、鋸子、釘子，甚至有一把裝有一顆子彈的手槍。

這個大膽的行為藝術試圖挖掘每個人內在的黑暗衝動。有些人變得狠毒，在她身上寫字、戳刺、刮擦、蒙住她雙眼、用冷水澆灌、把標語釘在皮膚上。有人試圖強暴她，另一個人出手制止。瑪莉娜全程默默接受所有的對待。

六個小時之後，她移動身軀，朝著觀眾走去，結果大家竟然都逃開了！她後來坦承：「因為這次的表演，我學會如何畫下界線，以免讓自己處於危險之中。」她的實驗放大了每個人的兩難：縱然脆弱與接納是所有連結的關鍵，但是面對尚未覺醒的人，我們應該將自己敞開多久？

如今多年之後，這位藝術家的回答似乎是：將自己敞開的時間，應該超過讓自己感覺自在的程度，否則無法發生任何恆久的改變。一次又一次，這名生於已逝國家的女子不斷獻出自身完整的存在，以驅逐這個世間的暴力。

事實上，這位溫柔而狂猛的藝術工作者以「女版赫菲斯托斯」的身分出現在我們眼前。赫菲斯托斯是古希臘的鐵匠，由神所生，但本身並非神。這位瘸腿的工藝大師專為眾神鍛造工具與鎧甲。冶煉一輩子之後，瑪莉娜就只是靜靜坐在眾人眼前。身為一個以現實作畫的藝術家，她安靜端坐著，沒有開口卻清楚訴說著一件事：**讓我們回歸本源，沉默端坐，凝視彼此的雙眼，直到每個人共有的精神原鄉顯現，好讓我們再一次真正認識彼此。**

為期七十九天的過程，在所有與瑪莉娜對坐的靈魂之中，都有真實相遇的種子被喚醒。無論那些人如今身處何處或從事哪些工作，他們都曾攜手開啟一段屬於社群的悠長時刻。透過彼此的存在，他們促成所謂「人性」的有機體成形。這種彼此交互存在的覺醒就是人性親緣的種子，能在任何地方萌芽。

在每個世代，無論獨自或協同，我們都會遇上這個保持可能的機會。我們往往對這份禮物不屑一顧，其實這樣的機會能讓生命力達致頂峰，並因此帶動生命力的交換。

在所有的進程與改革之下，真正能讓我們看清彼此相連的，就是**全然存在**的盟約。要守住這份契約很簡單，但也需要勇氣，就像在兩張椅子上靜坐對視——直到柔軟的真相從體內升起，讓我們的關愛變得有所助益。當我們停下腳步，讓靈魂於存在之中歇息，無須躲藏，就能找到活在彼此眼眸中的那份親緣。

如此根本的啟發：為了看見並接納陌生人的心靈，付出自身所有的存在與關注，直到那份陌生煙消雲散。

【帶著走的課題】

- 跟摯友或所愛之人靜默對坐，看著彼此的眼睛，不管需要多少時間，直到你們能在彼此眼前軟化，直到敞開自身的時刻過去。深呼吸，然後傾聽彼此述說有什麼東西在自己體內以及兩人之間被打開了。

17 減輕恐懼

當一個人開始察覺生命中苦難的同時，就會因為更深層的現實而覺醒……因為苦難會把對虛假現實的自滿給砸成碎片，強迫我們以一種特殊的感受去活著——去觀看，去感受，並以一直以來迴避的方式，去觸碰自己與世界。

——肯恩．威爾伯（Ken Wilber）

從出生那一刻開始，我們就動身離去。從第一口呼吸開始，我們就踏入這場持續了一生的對話，那是關於存在與不在，敬畏與恐懼，生命與死亡的對話。第一次眨眼的同時，我們就開始成長與衰落。這種就此消逝於世間的預設心理令人心生警覺，所以我們很自然地出現退縮的反應，然而，越是努力遠離恐懼，恐懼就越形強大。

生命裡的多數時間，我們都在驚奇與無常的經驗之間擺盪。人生道路上，我們被要求在遠離之後靠近，因為我們實在需要這些驚奇與無常來照亮彼此、平衡彼此，並且修正彼此。生命的驚奇將我們拋舉，生命的無常讓我們落地。沒有驚奇，我們就會受到壓抑，而沒有無常，我們就難以相繫。這個基本的矛盾是無可避免的——承載的靈魂不滅，但作為容器的身體終將崩毀。這種自身存在的矛盾，潛藏於所有形式的恐懼之下。

除了這份存在主義的自覺，每個人都生於一個特定的處境。來到世間時，若有幸擁有足夠的食物、居所與照顧，對世界的最初理解就是：這個世界基本上是安全的。在這樣的安全感中覺醒，那種自然而然的休息姿態就很容易跟宇宙相融。當我們停下來，閉上眼走入靜默，就能回歸到一個平和且恆久的靜止之處。

反之，如果來到世間時，沒能擁有足夠的食物、居所與照顧，我們就會這樣理解：這個世界是危險且不可靠的。那些經歷威脅、暴力與虐待的人將永遠處於防備狀態，此時自然而然的休息姿態，就完全無法令人安歇，反而充滿了威脅與焦慮。這時，當我們背負著重擔，閉上眼走入靜默，往往找不到可供回歸的靜止之處，只會遭遇到渾沌宇宙帶來的躁動與不信任。

其實，這一切都取決於發生在自己身上的事，宇宙究竟是為你帶來安全感還是威脅性，這種觀感是可以改變的。

除了面對死亡的恐懼及天生的安全威脅，我們總會在生命中遇上各種立即而直接的恐懼，例如打翻爐子上的熱水壺，突然害怕自己被燒傷；回家看見妻子躺在床上，突然害怕她生了病；失去工作，突然害怕繳不出貸款。

我們必須處理這三種持續的恐懼，才能獲得平靜的人生。在這些處境下，我們必須擴張生命的休息姿態。也就是說，無論遇上什麼處境，不管受到什麼創傷，我們的內心仍保有一個靜止之處。在那個靜止之處，那個可以休息的地方——也就是所有冥想練習企圖開啟的空間——我們可以繼續跟生之喜悅與死之恐懼進行根本的對話。

與生死的根本對話，正是生命之樹的根源，而我們所遭逢的生活處境，決定了這棵樹是如何生長，並藉此砥礪著它朝著光的方向茁壯。然而，倘若根源不夠強壯，有著眾多枝葉的生命之樹就無法存活。正因如此，我們必須持續與生命對話——接納活於現世的奇蹟，同時知道自己終將死去。這需要不間斷的勇氣，隨著時間消滅生活上方方面面的恐懼。

在我的抗癌旅程中，我學到許多關於恐懼的事。最初被診斷罹癌時，我畏懼每一次的戳刺、探測和注射，以及那些與醫生的嚴肅對話，我認為醫生對我體內發生的事並不完全知情。幾個月內，恐懼令我精疲力盡，我被迫在已經承受不住的感覺中細細分辨，包括身體以及情緒上的。

我開始了解，減輕恐懼的第一步，就是更仔細地觀察恐懼，這樣才能安穩地駐於恐懼之中。就好像量子物理學家致力於探索粒子所處的空間，或是冥想的僧侶終於落入雜念妄想的空間。我們的躁動與恐懼之間，也有一波波平靜與祥和正在等候。

這些年來，我發現若能夠超越自身的好惡、保持敞開，持續獻身於感恩的作為，並敢於冒著溫柔的風險，那麼，恐懼的習性就會消散。

跟著恐懼走，我們便會開始求同排異。認為「安全感來自於一成不變」這樣的觀念，在整個文化中默默為害。舉例來說，雖然我驚嘆於Pandora這個音樂應用程式背後的科技，但我並不贊同它根本的前提。Pandora給你的音樂就跟你一向喜好的音樂類似，它的設計就是如此，以你的偏好來形塑音樂的世界。我不是針對Pandora這個程式，只是拿它當作例子來闡述以下兩者的不同：尋求能夠肯定已知的人與經驗，或是尋求超越已知、而能讓我們成長與完整的人與經驗。接納超越自身好惡的經驗，就是與生命持續對話的方式。

此外，認為「安全來自一成不變」的迷思也餵養了影評與劇評產業。討論並評價電影與戲劇的優劣沒有問題，但如果我們只選擇觀賞別人給予好評的作品，基本上就是追尋著一種「不變」，這樣會錯過那些伴隨著新事物而來的驚奇。是否喜歡一部電影、一部戲劇或一首歌曲，這些喜好的重要性完全比不上新的生命型態所能帶來的滋養。我可以不喜歡一部電影，卻仍然受其滋養。

我有一個減輕恐懼的方法，那就是擁抱所有的新事物，就算感到害怕。所以，若是哪天你過得不順，無法甩脫焦慮，就去看一部爛電影，或是一部聽都沒聽過的戲劇吧！無須理會評價如何，就是去接觸一些你從未聽過的音樂，就算聽起來很怪。**不要讓自身好惡限制了你對生命完整光譜的接觸，因為唯有完整的光譜，才有療癒的效果**。身為一個抗癌成功人士，我可以告訴你，沒有所謂的壞天氣——唯一的壞天氣，就是沒有天氣。

另一個減輕恐懼的方法，就是持續獻身於感恩的作為。唯有透過感恩，我們才能在沒有阻攔的狀態下與生命接觸。或許沒有人能夠無時無刻做到這點，所謂感恩，就是對眼前的生命經驗溫柔的開闔，即使將自己打開非常艱難，但只要心懷感恩，我們就能貼近生命本身。

每一天，我對自己能活在這個世界上心存感恩。某些意料之外的時刻，我回歸對生活中簡單事物的感恩，包括早晨我的狗兒那無辜的眼神、妻子熟睡時平穩的呼吸、咖啡滴落時爬上屋子邊緣的日光……每個人都各自攜帶著未知世界的神秘。

當然，我也會日常倦怠，但感恩之情總能讓我精神一振。我常常追隨感恩之情，縱使不確定自己是為了什麼而感恩。生活中所產生的簡單深刻感成了我的導師，揭露出一種無法被摧毀的赤裸本質。所謂感恩，就是用心打開內在之眼，看見生命的壯麗。感恩讓我們回歸性格底層的平靜。

敢於冒險去表現一種柔軟的態度，也能減輕我們的恐懼。每個人的堅硬背後都有一份柔軟在等候，如同落入深海的堅硬貝殼，內部總有柔軟的蠣肉。受傷時，我們難免不擇手段捍衛這份柔軟，不讓它暴露於冷漠的世界，不過我們要知道，就算害怕，但當我們願意放下防護，我們會發現身上什麼都沒帶的感覺很好。

接著，我們可能會對再次拾起一切產生質疑，不過，很快會有突如其來的啟示讓我們明白，反過來說才是對的：我們必須把自己撬開，用與生俱來的柔軟去接觸這個世界。要真正活著，就要冒著勇於表現溫柔的風險。

溫柔讓我們無從遁逃，將自己打開得更深，直面所處的環境。保持溫柔讓我們得以穿透困難。年輕時受到各種際遇的衝擊，我會感到害怕，當時有一種迫切感逼得我逃到一些我從未造訪的地方，例如去攀爬一座高山，或在一條陌生的河流旁靜坐。如今，當我被生活所傷而感到害怕，我會選擇在自身所在之處進行更深的挖掘。我試著游往自己內在的核心，進入那個造就所有處境與際遇、發著微光的活躍中心。**藉由保持溫柔，生命讓我練習打開眼前所見，而非逃往某個想像中輕鬆的地方**。

然而，無論是否溫柔或感恩，每個人總會在生命的某些時候被強行打開。縱然這會強化恐懼，但只要你去面對，就會開啟靈性旅程的深層階段。那道打從出生起就帶著的光，如今找到通往世界的路，同時世界的光也能穿過保護殼的裂縫，進入你的內在。一旦靈魂之光與世界之光融合為一，就不再需要分辨靈魂在哪裡消失、而世界又從哪裡開始，不再需要分辨你在哪裡結束、而我又從哪裡開始。到了這個時刻，心靈會被釋放進入惻隱的洪流。

無論你在何處覺得安全，又在何處感受威脅，當我們愛上一件事物，儘管害怕，也會開始去愛所有的事物。因為愛不限於自身所愛，如同光也不限於最初所照亮的。**愛你的時候，我學會去愛整個世界。在某件事物中看見真理，我開始在萬事萬物中看見真理。面對自身的失足踉蹌，我學會對全人類的缺陷懷抱著惻隱之心**。

把臉浸入池塘，我讚美那覆蓋了整個地球的水。被一首協奏曲的琴弦觸動，我就被音樂的河流觸動。一旦開始敬畏愛因斯坦的偉大智力，我就學會珍視所有自己不懂的東西。感受到某人對我所不理解的神靈虔誠敬禱，我就願意承認所有人都踏著相同的旅途。這一切對生命的投入，都能減輕我們的恐懼。**有時，勇氣並非捍衛自身所知，而是接納超越自身理解的一切。生命優游於驚奇與無常的洪流，當我們能夠持續與之對話，就能重拾對生命的信任。**

感恩讓我們回歸性格底下的平靜之處。

【帶著走的課題】

- 在日誌中進入與生命根源的對話——感受生於現世的玄秘與奇蹟，意識到所有人終有一死。試圖在這份認知所引起的恐懼下保持對話，聆聽性格之下的那個平靜之處，有什麼聲音要告訴你。
- 感到害怕時，試圖接納某種新事物、對簡單的東西心懷感激，或溫柔對待自己及所愛之人。然後，跟摯友或所愛之人對話，討論這些作為有否減輕了你的恐懼。如果有，又是如何減輕的？

18 把什麼帶到未來

有什麼看不見的東西跟這個處境有關？

——凱西．麥葛娜莉（Cathy McNally）

若能深入理解一個東西，你就能對萬物有更好的理解。

——數學家愛德華．伯格（Edward Burger）

每個偉大的智者與先知出生時，都承載著期望的重量——包括佛陀、耶穌、摩西、穆罕默德、甘地、克里希那穆提、馬丁．路德．金恩，以及尼爾森．曼德拉。然而，這些人都拒絕了別人對他們的預設，而忠於自己直覺到的偉大遺產。

為了碰觸到與生俱來的天賦能力，駐守在一個低於眾人期待的位置，是一件需要勇氣的事。這不代表我們不能從他人身上學習，也不代表那些成為傳統的東西沒有意義，然而，在低於眾人期待的位置安頓，能允許我們在沒有過度干擾的狀況下，直接去觸碰生命。透過對生命的直接掌握，我們可以把真正跟我們對話的東西帶往未來，而非基於反射或義務——這才是忠於自己的真實遺產。

生命的智慧猶如一份樂譜，在被每個人演奏之前，是聽不見的。我們必須**以詰問為弓，去摩擦時間的弦，透過傾聽、反思、表達，以及直接感知生命來學習**。藉由要求聆聽彼此的樂音，從彼此的身上學習。

當你釐清了對自己而言的真實，也知道你需要他人智慧來找到自己的路，你如何搭造一座跨越煩惱之流的橋？

要搭造一座通往意義的橋，你會顧慮很多事，包括上一次屈服於對自己而言並非真實的道路，是在什麼時候？上一次遵循確認為真實的事物，又是在什麼時候？能不能分辨追隨他人與追隨自己內心的不同？登上自己的橋需要一些台階，包括信任、驚奇、關懷，以及真誠。

所以，在未來的時日，能否在生活中辨認出你所信任的部分？能否在生活中辨認出令你驚奇的部分？能否在生活中辨認出你所關懷的部分？能否在生活中辨認出你需要真誠以待的部分？

當我們為了展現自信，或者讓人留下深刻印象而尋求指引，往往會得到關於「如何承載自我」的指示。但是更深的問題是「如何承載自我真實的本質？」要如何承載你那形同指引之光的靈魂，才能讓它照亮你所觸碰的一切，而且不會熄滅？要以什麼來餵養真實的自我？又該如何餵養？

史瓦希利語的「luglio」意指「帶在身上的食物」，天主教會用來表示聖餐的拉丁文「viaticum」本意是「路上的食物」，兩者都能指稱實際的食物，也都暗指用來在旅途中支撐靈魂的養分。

所以，你要如何承載著自我的本質，以走過這個世間？在旅途中要帶上什麼樣的食物來支撐自己的靈魂？沒有人可以替你回答。對於能夠支撐內在的東西，每個人都必須自己定義。

瑪納（manna）一詞有著悠遠的歷史。猶太人掙脫埃及的枷鎖，在沙漠中遊蕩的四十年間，瑪納指的是憑空出現、餵養眾人的麵包，這種麵包只有一天的效期。後來當猶太人說：「給我們這一日的靈命日糧」，指的是糧食的永續型態。從這個角度看，瑪納暗指必須每日重新製造的靈性養分。

在玻里尼西亞的傳統中，早期的部族用「mana」一詞來指稱聯繫萬物的超自然靈體，包括樹木、岩石、河流、火焰之類散射的存在之光，以及來自已逝祖先的魂。榮格為此補充了他的心理學定義，把「mana」描述為一個生命對另一個生命所產生的無意識影響。

加總在一起，這些定義顯示了我們隨身攜帶著一小部分的宇宙，有如一顆微型太陽，有人將此稱為「靈魂」。當我們能夠成為完整的自己，內在的那一小塊宇宙就會毫無偏袒地往所有方向放射溫暖。處於這樣的真實中，我們會朝著彼此生長。從本質上說，manna或mana的意涵代表了我們生存與成長所需的內在光芒。但是，怎樣才讓這種內在光芒專屬於自己，並每天從中汲取養分呢？

即便我們每日都必須製作活命糧，但重要的東西都需要歷經時間才能體現。無論是否願意，我們都必須跟耐心與靜默之神建立好關係，如果少了那些必須花費耐心才能換得的艱苦教訓，我們往往會在做抉擇與決定時操之過急。

從外在的面向，為了知道有哪些可能性，我們需要蒐集資訊；但更重要的是「內探」，也就是在最深層的情境下探尋真實所投注的時間。我們必須等待腦袋的濃霧散去，必須等待心靈的亂流消止。我們需要時間，才能看清眼前。耐心之神是個不好相處的盟友，在他來幫助我們之前，總會先派遣不確定性來試煉我們。

這讓我想到有兩名因為船難而受困於小島的水手。驚懼退去之後，他們開始揣想往後的生活。查理認為除了做生存所需的事，只能枯等。而他的船難夥伴丹尼問道：「你要等什麼？沒有人會來救我們。」查理思索片刻之後回答：「反正等就對了，我不會多做其他沒意義的事。」

丹尼搖搖頭，他走遍全島找尋一些可以充當工具的尖銳石頭，以及可以作為建材的倒木。當他把蒐集來的東西堆放在一起，查理問：「你在幹嘛？」丹尼說：「這就是我等待的方式。一邊建造，一邊等待。」

這兩個水手代表了存在與作為，兩者時常衝突矛盾，但我們需要這兩者來理清自身的狀態。存在與作為的冗長對話，只能透過時間來開展。

在我們的存在與作為之下，爭論不休的聲音似乎演出一段四重奏：有個聲音彷彿什麼都看不見，無論去到哪裡，它堅稱一切都毫無意義。另一個恐懼的聲音說：「知道嗎？我們不該再嘗試下去，我不會再冒任何險了。快走，離開這裡！」一個玄秘聲音說：「天啊，我們被某個無法理解的東西支配著。」矛盾的是，有一個最自在的聲音說：「我不願回到虛假之中，因為這個情境就像試金石，正是我一直在等待的，我們沒有回頭的可能了。」

我們的工作就是擔任這些聲音的導體，如此才能辨認出真實的遺產。可以說，這就是「意志」所扮演的角色。當我們度過每一天，當我們碰上美好或嚴峻的事物，當我們遇到障礙，或意外得到喜樂，我們必須決定以哪個面向的自己來迎接：是體內那個什麼都不信任的聲音，還是那個相信一切的聲音？是那個總是害怕的聲音，還是那個看不見表象、卻能透視深處的聲音？我們將如何理解迎面而來的挑戰？我們該怎麼承載真實本質的自我？

每一天，我都會聽見這些聲音——我昨天才在一個歡樂的勞動節派對上聽見。在派對上，孩童四處奔跑，大人玩著槌球，我卻想起這天離父親過世正好滿一年。整個下午我的心情既沉重又輕快。說也奇怪，父親離去之後，我反而覺得他時常陪伴著我。我在想，父親是怎麼承載他那具有真實本質的自我？

我們從未談論這類話題。但今早我坐在車庫整理他的工具，手裡握著一把舊鑿子，思考著自己正在把父親遺留的什麼東西帶到未來。

我們跟生命的對話似乎永遠不會停止，就算是那些已逝之人的生命。內在成熟的挑戰，並非相應於現實中我們所面對的悲喜，而是如同海邊的蚌殼一樣的打開自己，任由悲喜以超乎想像的方式，像浪潮般將我們的存在舉起、讓它浮出。

把真正與我們對話的東西帶到未來，而不是基於反射或義務。這才

是忠於自己的真實遺產。

【帶著走的課題】

- 我們每個人體內都有恐懼的聲音、確信沒有東西能讓生命安歇的聲音、相信萬物玄秘的聲音，以及看透盲點的謙遜聲音。在不為自己設限的狀況下，在日誌裡跟自己遵循的某個聲音進行一場誠摯的對話，然後讓其他聲音加入。觀察對話的方向，看看能從中學到什麼。
- 跟摯友或所愛之人對話，描述這樣的經驗：為了得知什麼才是真實、並了解下一步應該如何做，而決定花時間耐心等待。描述那次等待給你的感覺，以及你從耐心之中學到的東西。

19 本初的才能

躍入潛藏在你胸懷的海洋，發現自己體內的新世界。

——阿特爾

二〇一二年七月，我和妻子蘇珊開車到底特律北部的奧本山，與傳奇搖滾巨星史蒂芬・泰勒（Steven Tyler）會面。史蒂芬長久以來都在閱讀我的著作《每一天的覺醒》。我們夫妻倆以貴賓身分跟他共度一個下午，晚上再欣賞殿堂級的史密斯飛船演唱會。

見過史蒂芬本人之後，我清楚感覺到他有一顆寬廣而溫柔的心。他是那種全然做自己的求道者，非常貼近生命的本質。我相信這是一切才能之始：努力讓靈魂朝著世界靠近。

感受到史蒂芬這個人，然後諦聽他的聲音，確實是一份珍貴的禮物。那個樂團是由許多音樂大師組成的團隊，兩小時內演繹了十八首經典歌曲，令全場爆滿的兩萬四千名聽眾目眩神馳，精神為之一振。我跟妻子站在舞台一側音控團隊的後方，得以從特別的視角觀看史蒂芬、樂團，以及場館內聚集的群眾們是如何在這個夜晚活了起來。看著史蒂芬毫無保留地奉獻自己，我學到關於「真實」的一課。

無論他往何處移動，數千名觀眾自然而然朝著他的方向靠攏，我不禁想：但願可以擁有這種駕馭能量的天賦。所有人都舉起手臂揮舞，我望著這片手臂之海，在這段時間裡，人群化為波浪，我們成了一個有機體。縱使不認識彼此，卻合而為一。

我們不知道身邊站的是什麼人，做什麼工作，來自哪裡，有些什麼樣的信仰，有什麼好惡，曾經如何被傷害，以及，曾經如何被療癒。我們不知道彼此是民主黨員或共和黨員，是基督徒、猶太人，還是穆斯林。然而在這個公眾空間裡，因為音樂及一個獻出完整自我的歌手，我們被真實的光芒所照耀。這就是毫無保留的狀態所產生的力量。

在這支樂團巨大的才能之下，在史蒂芬特有的嗓音之下，清楚體現的是：任何人只要敢於奉獻完整的自己，就能喚醒沉睡的可能性。我想正因如此，我們才會存上一筆錢，開了很遠的車程，然後像今天這樣群聚於此——為了與自身的可能性相遇。

我們可能以為聚集的原因是音樂、天縱英才的吉他手、不世出的演員，或是代表一個時代的詩人，但我相信當一朵花完整盛放，原本含苞待放的其它花朵也將隨之綻放。我看見無窮盡的天賦散落於眾人之間，我們可以為彼此這麼做：保持全然的在場，一次又一次，生生不息，這將釋放那股在所有煩憂與差異之下、無意識的影響力。

以這種方式敞開自我的真實，我們變得更加良善，更善傾聽，更能接納彼此，生命間的羈絆也因此被強化。如何維持這種狀態——尤其在面臨苦難的時刻——是每個世代都必須面對的挑戰，也是眼前的課題。

當然，生而為人，我們往往害怕自身的可能性，於是以毒品或酒精或性愛或錢財或憂慮的雜音將其掩蓋。但是，與生俱來的生命力是無法被抑制的，一旦遇上完整的生命力——在一朵花、一條河、一隻鳥或一個人身上——體內的生命力就會被喚醒，因為未經過濾的光芒與存在的脈動——讓我們甦醒並變得溫柔——就是一種本初的才能。為了將這種才能表露於外，我們必須先習得某些技巧，但支撐起我們的，正是那個讓人直接感知自身生命的心靈。

作為一根傳輸生命力的導管，歌曲尤有神聖而強大的力量。歌曲能將人從日常生活的重擔與他者的壓迫中解放，藍調與福音就是絕佳的例證。非裔美籍女子合唱團Sweet Honey in the Rock的創立者里根（Bernice Johnson

Reagon）曾講述民權運動期間聖歌與民謠所帶來的撫慰力量。她見證古老的歌曲如何適用於不同時代，透過在抗議與遊行中齊聲歌唱，巨大的群體得以表述各自的真理，同時撐起自身的完整。

Sweet Honey in the Rock這個團名出自《詩篇》第八十一篇：樂土是如此肥沃，就連岩石的裂縫都會流淌出蜂蜜。這是個完美的隱喻：若能承受崩裂，就會得到等待釋出的甜蜜。這是勇於面對自身可能性所獲得的獎賞，這是在人世曠野看顧彼此所獲得的報償。

堅韌的關鍵無非在於彼此幫助，把這種必要變成美好。跟許多人一樣，我渴望變得堅韌，身為家族受到屠殺殘害的猶太人，身為抗癌成功的鬥士，身為企圖挖掘不朽的詩人，我不得不從岩石裡榨出那一滴蜂蜜。

堅韌的關鍵，似乎也在於相信岩石裡**確實有**蜂蜜存在，相信從堅硬中提煉出的甜美可以帶來療癒。堅韌可能跟光和雨水一樣，是人性的元素之一，缺了就會枯萎，因此我們得以研究這份神奇的資源。

演唱會在史蒂芬高唱Dream On這首經典名曲中結束，那是他十七歲寫下的作品。當晚，彈著白色鋼琴的他從舞台下方緩緩升起，映入觀眾眼簾。他的歌聲發自肺腑，穿透心臟，再從嘴巴吐出：「Dream On……Dream

On……Dream On……」。

無論每個人的夢想是什麼形狀，不管每個人的夢想如何各自開展，都應該放下論斷、恐懼及憂慮，直到我們一起隨著樂音搖擺，挺過這個時代的負累。我們都應該保持真實並持續做夢，直到心靈復活——守住可能性並保持清醒，直到你的生命力激發我的生命力。持續夢想，直到沉睡於頑石中的蜂蜜對外顯露出些許甘甜。

我相信這是一切才能之始：努力讓靈魂朝著世界靠近。

【帶著走的課題】

- 在日誌中描述你所欣賞的一位藝術家、音樂家、演員或作家所擁有並展露的生命力。描述這份生命力彰顯出你自身可能性的哪個面向。
- 跟摯友或所愛之人對話，描述讓你鮮明地感覺自己活著的一場演唱會、戲劇、朗讀、藝術展覽，或電影。討論那段經驗之中發生了什麼，又對你產生了何種影響。

20 開啟天賦

我過日子的方式常常像一個划船的人，每下一次槳，都會擾動水面。當我受到太多驚嚇，疲憊不堪而決定停止划船，水反而變得清澈。那些時候，我可以一眼望進水底。這總讓我質疑自己到底要去哪裡。生活就是如此。我們必須在世界移動，但只在我們停下腳步時，世界才會敞開。

用力划船的時候跟水波不興的時候，我們觀看世界的方式不同。表面觀點之下，似乎還有第二個觀點等著。哦，若只是要四處走動、過馬路、去銀行、領取長期處方箋，我們的眼界綽綽有餘。然而，當需求之水靜止，每個人都可以看得更清楚。當水面足夠平靜，一個更為巨大、包容更廣的觀點就會被打開，然後我們所見所感就不只是當下正在渡過的處境。

當時間敞開，我們得以在短短一瞬間從所有角度觀看，體會恆久的時間觀。在那樣的時刻，許多生命的進程得以被瞥見，那本是我們難以理解的。我們在這些時刻受到震懾，於是說出這樣的話：「精疲力盡，看見天命」或者「在痛之中，感受世界的痛」或者「種下最後一排玉米，我感受到每一雙曾經播種的手。」

如此深刻的觀看，在心靈中心靜候，待我們耗盡世間的教導指示，等我們被敞開的那日。然後，隨著時間過去，或者突如其來，從裂縫透入的光會讓我們伸展成長。也許那感覺起來就像令人警戒的深切痛楚，我們會試著將其掩蓋或甩脫。若是足夠幸運，這樣的伸展不斷持續，那麼深層的自我便會開始顯露，而這種感受往往讓我們一時之間不知所措。

然後，我們在下著雨的日子裡醒來，心想：如果能把未來的夢想取來，在這個當下打開，彷彿除了此時此刻，再無其它生活的時間，那麼我也許就能開啟自身的天賦。

感覺到這份開啟時，我們也許會有作畫的衝動，縱使我們根本不知道怎麼畫；或者，我們會有站在某個海岸岩石上的衝動，縱使我們根本沒去過那個岸邊；或者，我們會有詢問一個老朋友是否怕死的衝動，縱使我們未曾談論過生死。這些衝動之所以浮現，就是因為深層的存在正在找尋進入世界的管道。倘若可以追隨這份生活的衝動，天賦就能讓我們充盈，猶如手套覆蓋住手掌。

想看得深入並活得深刻的衝動，是描述恩典的一種方式，當存在貼近作為，我們運用天賦在當下所做的一切——把一個暈倒的婦女攙扶到陰涼的椅子上，把一隻困在柏油路上的烏龜放回草地，或是把一位想要夢想成為木雕師的朋友領到有櫻桃樹倒下的地點——都將讓我們更靠近生命的深度。

大半人生中，我們把天賦像急救箱一樣四處帶著，遇到受傷或受驚的緊急狀況才匆忙打開。但是，或許我們能用另一種方式理解所謂的緊急狀況——任何允許緊急效力發生的時刻。如此一來，生命就會把我們拉出來，直到更深刻的存在成了我們生活的方式——在可以的時候，感受自身與所有生命和時間的連結。

如果能把未來的夢想取來，在這個當下打開，彷彿除了此時此刻，再無其它生活的時間，那麼我也許就能開啟自身的天賦。

【帶著走的課題】

- 冥想，就是試圖停止划槳，讓水面平靜，這樣你的眼光才能直透事物的底部。現在就來嘗試：放下手中的獎，順水漂浮。把自己置於核心，緩慢呼吸。無論今天有什麼事情要處理，都可以等一等，不用著急。第一把放下的槳，是你的思緒。深吸深吐。第二把鬆開的槳，是你的恐懼與煩憂。深吸深吐。單純呼吸，讓生命的水面平靜下來。透過呼吸止住漣漪。讓所有生命的水面靜止。看透那平靜無波的水面，什麼都不要尋找，單純看著就好。
- 跟摯友或所愛之人對話，描述一個你對未來抱持的夢想。如果當下就實現了那個夢想，會是什麼情況？

21 敏感的藝術

藝術家對完整性的堅持，必須被視為一種「掙扎」的隱喻。對於地表上設法活得像人的所有人類而言，這是普世共有、且每天都會遇到的。

——詹姆斯．鮑德溫（James Baldwin）

有鑑於生活帶來的種種風暴，我們的任務多半是敞開胸懷，隨遇而安。然而一旦敞開，我們又不太習慣應對隨之而來的感覺與經驗。對生活變得敏感之後，要如何接收與處理那些不斷穿過我們、由各種感覺所形成的風暴？

若要體現敏感度，我們必須在進出自身的東西之間取得平衡，如同呼吸一般。往往，我們花費了太多時間努力留住一切，卻不知道唯有放下，完成這個循環，才能釋放完滿與存在的力量。當內外互補，生命的純青爐火便會散發光芒。

對於棲居於肉身的靈魂來說，我們的工作就是一有機會便讓精神從內在升起，與世界相遇，並且安住其中。因為敏感的藝術不在於感性，而在於勤勉，如蕭邦夜曲般甜美而嚴謹。

當我們勇敢熱愛現況，敏感的藝術會讓韌性更強。熱愛現況代表著接受當下的真實。然而，熱愛現況也代表讓心靈敞開得夠久，足以感受並接收同一時刻發生的一切——我們周遭的，以及超出理解的一切。

透過感受到穿越現況，我們踏入一種持續擴張的意識圈。我們會感覺到依附在身上的痛楚、照射在橡木上的光、對街玩鬧孩童的笑，以及讓頭頂的鷹隼扶搖直上的風。我們會感受到太陽在同一時間把溫暖分給那麼多各自悲喜的生命。

敏感帶來的獎賞是，宇宙會將我們撐起，如同海洋的浮力撐起木筏。若要熱愛超出當下生命的東西，我們應該做的並非限縮自身的經歷，也不是從其中的真實分心，而是要更深入、以同時間其他生命的活力，賦予自身當下的經歷。

同樣的動能也適用於我們對彼此的愛。如果在我傾聽你時，被你身後的陽光或你頭頂的鳥鳴所吸引，那並非分心。如果對你的愛引導我走向陽光或鳥鳴，也許我就是應該在你受苦時，把陽光與鳥鳴這些資源帶回給你。這正是敏感與相愛的禮物。

以一種直截了當的方式，我在你的愁苦之中，把所有注意力放在你身上，同時以一種恆常的方式，把注意力也放在你周遭愁苦之外的一切。如此一來，我才能成為一根導管，把生命的修復能量傳導給正在受苦的你。所謂敏感，就是成為一根徹頭徹尾的導管。

終究，敏感的藝術在每個地方支撐著我們做自己的努力。而隨著打開這個世界，敏感給我們的另一個獎賞就是：我們會被帶到表面，變得溫柔。儘管如此，每個人仍因那股想要隱蔽的衝動而掙扎不已。其實在今日世上，最隱蔽的個人往往最貼近真實。諷刺的是，縱然我們都以為自己是孤獨的，卻在這份追求真實的掙扎之中，共享一份親緣。

在現代世界，我們很容易帶著敏感度過著非黑即白的生活，我們以為只能全部揭露自己，否則就得全然隱藏自己。我們在公眾間隱藏自己，只跟私密的小團體保持親密。偉大的丹麥哲人齊克果說：「我們都是上帝的間諜。」我猜他的意思是，我們都體驗著生命共同的奧妙，卻秘密守護著自己最深的敏感，活得像個靈性的間諜。

令人痛苦的是，我們不知道如何在公眾間保持敏感與真實。我們不知道如何擴展私密的團體。我們不知道如何跟真實的東西對話。我們這個時代的挑戰，就是學會邀請這些深度對話與真實關係。有些人會拒絕邀約，無妨，有些人會回答：「謝謝，讓我考慮一下。」有些人會放鬆肩膀，脫口而出：

「天啊，我還一直以為自己是孤獨的。」

我們要怎麼安住於全然的隱蔽與全然的敞開之間，那片廣闊甜美的領地？我們要怎麼進行有意義的對話？沒有人知道該怎麼做，但這就是找尋彼此的過程中會遇到的課題；這就是縫補生命裂口的過程中，會遇到的課題。

所謂敏感，就是成為一根徹頭徹尾的導管。

【帶著走的課題】

- 在日誌中描述自己的敏感史。敏感對你來說一直是一種掙扎嗎？你曾因為太過敏感而苦惱嗎？寫出一個因為敏感而獲得的獎賞，再寫出一個因為敏感而面臨的挑戰。
- 跟摯友或所愛之人對話，描述因為極端強烈的感受而掙扎的經驗。面對那份感受，你是否封閉了自己，或感覺就快要在其中溺斃？你最後終於在何處上岸？這份經驗告訴你什麼？

22 追逐天堂

我能給兒子的唯一保護，就是讓他親眼看見一切。這樣一來，他才能體會生命的脆弱。

——巴勒斯坦攝影師艾曼．伯納特（Emad Burnat）

我花了不少年終於領悟，對天堂的追逐會讓我們無法活在所謂「現世的天堂」。重要的是旅途與過程，無論我們前往何處。

起初，我們被捲入生命之流，陷入那些活著必須面對的全面狀態，一旦深入其中，我們會糾結於細節，我們開始管理生命，描繪地圖，而非真正的活著。在這些阻礙下，生活似乎早已在他方，而不在原處（或者我們就是這麼想的），直到那些愛或苦痛的衝擊將我們震醒，回到活著的那種全面狀態。

有時，我們以為可以研究出一種逃脫糾纏的路徑。但是，就像一隻青蛙被釘在板上，我們可以認識牠的內臟，卻無法理解牠的生命。同理，解析一個人的心理狀態，並不能讓我們了解他的生命；解析一個社群的意識形態，並不能讓我們了解社群的生命。因為，沒有什麼是靜止不變的，包括我們的自身，以及我們身處的宇宙。萬事萬物都在轉變——突破，成長，盛放，脫落，化腐，然後再度破土而出。唯有透過生活，才能了解生命。

小說《湖和迷路的女孩》（*The Lake and the Lost Girl*）中，作者樊森塔（Jacquelyn Vincenta）寫道：「人們會因為故事被奪走而憤怒，因為這些故事就是他們個人的世界地圖。」

然而，一直存在的挑戰是，能不能為了理解超出個人地圖的生命整體，而潛入自己特定的故事底下，否則，我們的一切就會服膺於自己偏頗的人生觀。否則，我們就會重複描繪自身傷口的輪廓，蔑視沿途遇見的所有人。否則，我們就會被困在自己的假設與結論所編織成的網，永遠無法成長。很快的，我們變成被自我看法綑綁的囚徒，誤把地圖當作整片大地，誤把自己的假設與結論當作所有的現實。最後，我們很容易就屏除了所有不符個人生命地圖的人事物。

舉個明顯的例子：一九六〇年代，美國的社會學家認為緬甸人「在經濟方面毫無理性」，因為那些安靜沉思的村民看重靈性甚於物質。人類學家斯皮羅（Melford Spiro）這樣描述：「他們建造佛塔，修蓋佛寺，奉養僧侶，自己卻住在茅屋裡簞食瓢飲。」另一名人類學家佛斯特（Goerge Foster）補充：「他們在宗教表現上很揮霍，對儲蓄沒什麼興趣……可以說他們『揮金如土』。」

這讓我想起在喬治亞某間廁所裡看到的塗鴉：「聽不見音樂的人，會以為舞者瘋了。」揮金如土？毫無理性？根據誰的標準來評斷？

顯然，一種更深的天命指引了這些緬甸人去關注那條連結所有生命的隱形線索，而醉心於累積財富的人們，則根本接收不到這樣的天命。自利的腦袋與連結的心靈有著本質上的不同：自利的腦袋受到膜拜的概念所驅使，而連結的心靈則透過參與生命力的循環，進行自我更新。自利的腦袋永遠在擁有與否之間拉扯，而連結的心靈則投入於那些可以維繫生命的取捨。無論有多堅強的學術背景支撐，那些人類學家自我參照的地圖，讓他們無法叩問自身之外的故事。

追逐財富時我們會分心，以致於無法挖掘生命中原有的豐盛。追逐愛時我們會分心，以致於沒能注意到在追求偉大的愛這個目標的途中所碰上的情感。追逐潮流時我們會分心，以致於沒能了解自身的價值，錯過身邊值得歡慶的事物。

在互相糾纏的生命細節之下，在研究如何找到出路的想望之下，在對個人世界地圖的依賴之下，每個人都帶著一部分的宇宙精神。這部分的宇宙精神棲居於我們體內。每個人肺裡的空氣都是私人的，縱使其中包含著組成大氣的共同空氣。同理，此生輪迴挾帶著的精神也很私人，但組成靈魂的精神，卻為宇宙所共有。

呼吸時，我們吸入空氣，直到空氣充盈肺部。空氣一旦進入體內，就不可能分辨哪個部分的空氣是我的、你的，或是來自天空。同樣地，當心靈呼吸，我們從宇宙吸取精神，直到精神充盈個人靈魂。精神一旦進入體內，就不可能分辨哪個部分的浩瀚是我的、你的，或是來自永恆的精神庫藏。如同健康的肺臟透過交換進出的氣體讓我們存活，健康心靈也透過交換進出的精神，讓我們保有生命力。

我在前文章節提到印度傳統招呼語「namaste」，意思是「**我向棲居於你體內的一部分宇宙致敬**。」這個總是搭配鞠躬的招呼語帶有一份含意：縱然每個人都獨一無二，卻都攜帶著同樣的永恆精神。所以個人的故事與每個生命的故事無不混合在一起，無論我們承認與否。

當我們能夠活出自己的故事、而非受其宰制，就能用愛讓自己存在。西班牙俗諺 Se tu vida的意思是「成就自己的生命。」這就是我們的任務。然而，在這麼做的過程中，我們可能迷失於隨之而來的一切。

沒有人可以決定對你而言何謂「成就自己的生命」，我們只需要在所有的地方做自己。每一次做到這點，就會增添我們的力量，強化對於整體的觀點，並且讓他人更能夠在所有的地方做自己。我們藉此澆灌這些行為準則的種子，並且無時無刻照看著它們成長。

一直存在的挑戰是，為了理解超出個人地圖的生命整體，而潛到自己特定的故事底下。

【帶著走的課題】

- 在日誌中描述你追逐「屬於自己的天堂」的方式，以及這種追逐如何讓你無法體驗周遭真正的生命禮贈。
- 跟摯友或所愛之人對話，描述生命中某些你未能全面看清的人。你是怎麼發現，這些人其實超出你原先對他們的觀感？有機會的時候，讓這些人知道你對他們的理解如何越形透徹。

23 當我們持續尋覓

昨夜，月亮是平常的兩倍大，縱使它未曾改變。今日，我的心是平常的兩倍大，縱使它未曾安歇。於是，我知道自己什麼都是，卻又什麼都不是。

——馬克・尼波

起初，我路過你，如同路過從楓樹根流出的汁液，路過從靜謐之處滲出的真理。現在，我聽見視線之外的鳥兒振翅，像離開地球已久的精靈。現在，當陌生人開口，我感到遲疑，不是因為有所保留，只是不確定如何在不弄壞任何東西的狀況下，進入他的生命。

我持續在世間尋覓，希望找到可以雕刻成某種象徵希望的東西，把所有生命都編織在一起的那種東西。然而事實是，在迷途的過程中，我已經找到永不熄滅的火苗，雖然我們深怕它熄滅。

儘管如此，仍有一張暗中造成危害的網，讓我們難以活在當下。這張網始於早年我們接受錯誤的教育，以為自己總在觀眾眼前，以為隨時有人觀看並評判我們。教養讓我們相信，讓那些觀看者失望是一件很糟的事，縱然我們還是不懂得如何取悅觀眾。這種不願讓評判者失望的盲目恐懼，讓我們以為生命必須跟原本的樣子不同。

這一切在我們身上施加了巨大壓力，從起床到入眠，驅使我們去追逐永遠遙不可及的認可。從鬼門關前走了一遭，我才明瞭到一件事：根本沒有人在看。這不代表我們孤獨的活著，或活在真空中，而是他人的想法並不重要。

其實，當我們蛻下自己編織的期待與評判，光是感受事物的赤裸本質，就足夠魔幻了。一棵沒有阻擋遮攔的石頭，它所呈現的平滑表面，以及籠罩著夜晚的淡藍薄霧，已經綽綽有餘，讓完整的存在自然浮現。然後我們會訝異的發現，自己明明哪裡都沒去，卻已經抵達目的地。

承受著各種糾纏，人生在世最困難的課題，就是在衝突與難關鋪天蓋地而來時，不要消失。如太陽、飛鳥與花朵，這些大自然最簡樸的導師都在這方面默默英勇著，不是因為成就了什麼，而是因為無論發生什麼，都全面忠於自身的本質。

想想太陽的恆常吧！就連在子宮裡，眼睛尚未成形之時，嬰兒都能透過母親的肚皮感受到太陽的溫暖與光芒。靈魂也是這樣運作，在我們能看見、行走、講話之前就溫暖著我們。隨著成長，心靈會感受到靈魂的不滅，無論我們是否能看見自己的掙扎。我們的工作就是相信那個先於理性的心靈。

在所有掙扎底下，生命獨立於假設與評斷而存在。生命並不以人類為中心，關於這點，失去聽覺讓我有切身的體認。

配戴助聽器的第一天，我走出辦公室，幾個月來首次聽見鳥鳴。當然，那些鳥兒未曾因為我失去聽力而停止放送美好的旋律。我不知道那天聽到的是哪一種鳥，但再次聽見牠們的歌唱，令我潸然淚下。那個自我中心的哲學詰問瞬間消解：「假如一棵樹在森林裡倒下，卻沒有人在附近聽見，那它有發出聲音嗎？」當然有啊！

如同鳥兒一見晨光就會歌唱，縱然受苦的我們盲了、聾了或者害怕了，心靈也不會讓愛停止。儘管深切的痛苦與恐懼往往模糊了你我由衷散發的愛。我們也許說服自己相信：我們不再愛了。或者，在苦痛與迷惘中，我們否定了那種內在持續的愛，然而只要找到勇氣，我們永遠能觸碰心中的愛，而勇氣的原意，乃是「守護自己的核心」。

想像一座從土地上冒出來的山岳。無論如何觀察，也無法辨別土地在哪結束，而山岳又從哪開始。但沒有土地，山岳就無法如此堅毅。同樣的道理，我們無從分辨存在的基底在哪裡結束，靈魂又從哪裡誕生。當我們守護自己的核，就能踏入存在的領域，力量之源就是宇宙共存的基底。所以，守護自己的核，就是守護所有生命的核。進入自己的中心，就能探觸所有生命的中心。

然而，就算意識到這件事，這一切還是不容易。所以，一有機會，我們就要領受指引。走在森林裡，我們可以詢問最微小的花朵：「沒有人在看，你為什麼還要盛放？」

當我們能讓自己靜止，心靈就會沉澱——以自身的重量——到世界的雜音底下，到他人的建議底下，甚至是自己的期待底下。如此靜止時，我們守護著自己的核，這就是與生命相遇的練習。

所以，當我失去信仰，懷疑自己的下一步在哪裡，我會讓心靜止下來，直到不再餵養那些宣稱自己有多麼重要的黑暗事物。在靜止中，我自問：今天的光來自何處？我必須做些什麼，才能把自己放在光的道路上？哪部分的自己會因為投入生命的懷抱而被照亮？被照亮時，我能學到什麼？哪種心靈慣性會讓我更有生命力？

投入生命的懷抱，需要一種讓我能找到自身活力的勇氣，而獲得的獎賞，就是所有隱藏的東西都會變得甜美而繽紛。進一步說，活在當下，就足以讓我們領受一直都在的甜美與繽紛。

想想一朵花是怎麼綻放的？花朵從不為了某個特定時刻準備，而是忠於綻放的天性，朝著光的方向傾身。花朵的盛開就是把內裡翻出來，對世界展示美好。靈魂也用同樣的方式，在擁抱生命的當下持續盛放。

就算遇到難關、承受痛苦，心靈總會在封閉之後打開，如同黑夜過後天色大白，直到與生命的相遇成了每日的真理實驗。無論有多少艱難，我們都應該迎接沿途遇到的導師，他們每一位都大聲疾呼或輕聲訴說，告訴我們秘密的王國其實隨處可見。

當我們持續尋覓，我們必須不斷努力：理解活在當下的課題、傾聽導師的教誨，以及親近生命之火的堅持。我承認，剛開始的時候，我想照亮許多東西，但現在我被照亮了，而且哪裡都不用去。我可以體會，當存在本身成了歸巢，就沒有遠走高飛的必要。

當我們得以蛻下自己編織的所有期待與批判，光是感受事物的赤裸本質，就足夠魔幻了。

【帶著走的課題】

- 在日誌中描述自己身邊的影響之網，並追溯這些期待與批判的源頭。指出一個感覺起來並不精確的期待或評斷，再想想如何將其放下。
- 跟摯友或所愛之人對話，描述一個「守護自己的核」的時刻。當你守護自己的核，是否感受到所有生命的核？那是什麼感覺？什麼原因造就了那樣的時刻？若想在需要的時候守護自己的核，可以採取哪些步驟？

24 生活之夢

想像一個年輕女人，住在高聳壯麗的山上。想像她每天走過清泉，坐在絕佳的美景之前。想像她感到寂寞，為了求索真實，她察覺不到自己腳下踏著多麼宏偉的景觀。這就是我們有時候過生活的方式，尋尋覓覓那些早已踩在自己腳下的東西。

現在，想像一個微風吹拂的夏日，這個寂寞女人——過著有意義生活的同時，也夢想著過上有意義的生活——近距離看見一隻金翅雀。她未曾見過如此精緻漂亮的東西，而這隻漂亮的鳥兒不願停下，牠拍著繽紛的羽翼來回飛掠，彷彿逗弄這個女人。女人暗自希望自己能像這隻金翅雀一樣飛翔。如果能夠碰觸這隻鳥，也許牠可以贈她幾分輕巧，撫平她的寂寥。

對金翅雀的想望佔據了她整個夏季，然後秋天來了。高山的生活接著進入寒冬，她好幾個月沒見到金翅雀，那隻亮黃色的小鳥成了渴望的象徵。她在心裡、夢中，以及與陌生人的對話中追尋這個幻影。這段時間，她腳下的壯麗土地不曾停止展現美麗。

隔年夏天，女人殷切期盼金翅雀的到來，好像再見不到牠就要活不下去那般。終於，小黃鳥翩然現身，牠的美麗讓女人的心思慢了下來，於是她不再追逐，單純欣賞。神奇的是就在這一刻，金翅雀在女人的手背緩緩降落。

這一刻，這個寂寞的追尋者不再寂寞，因為她對生活的夢想與她的生活終於重合。

她的下一步會帶來解放或是負擔？倘若她將鳥兒降落在手背看作是一個稍縱即逝的夢境瞬間，那麼她就會受困其中，無視於真實的生命，只顧著不斷追逐著生命的幻夢。

反之，倘若在這被照亮的一刻，她能了解這隻金翅雀以自身的美好承載了她對生活的夢想，進而接受原本生活的美好，那麼她就能在鳥兒飛走時心懷感恩，理解到重要的東西一直都在腳下的土地等候。

通往內在自由的旅程，往往包括了戀慕身外之物的過程，直到這個外物喚醒靈魂的某個面向。在這個女人身上，是一份對金翅雀的愛。在我的父親身上，是對航海的嚮往。在一些人身上，是對烏龜或繪畫的迷戀。在我身上，是對探問的愛，因為我渴望打開心靈。在我身上，也是對詩歌的愛，因為我渴望發現萬物的連結。

從努力到恩典的旅程中，至關重要的轉捩點在於，我們最終能否接受一件事：那些讓我們追逐與戀慕的東西，其實一直都在體內等著被喚醒。無論對生活懷抱什麼樣的夢想，我們的渴求都能提供指引，讓我們明白重要的東西本就已經存在於自己正過著的生活當中。

通往內在自由的旅程，往往包括了戀慕身外之物的過程，直到這個外物喚醒我們靈魂裡的某個面向。

【帶著走的課題】

- 冥想某個你一直追逐或努力企及的夢想，某個你所渴求的東西。閉上雙眼，緩慢呼吸。試著想像這個夢想在你眼前盤旋，已然圓滿。深深吸氣，吸入這個完滿的影像。將夢想捧在眼前，想像那是一面靈魂的鏡，等著活過來。睜開雙眼，試著把夢想看成活在體內之物的投影。
- 在日誌中，把渴望轉化為本已活在體內的東西，描述自己需要採取哪些步驟，才能讓體內承載的夢想活躍起來。

25 以何而立與為何而立

給我一個支點，我就能舉起地球。

——阿基米德

為了覓得彼此以及找到處世之道，有兩個長久存在的問題：我們靠什麼存在於世界上？又為何存在於世界上？

以何而立讓我們回歸永恆的基礎，回歸某種宇宙源頭的感受，回歸將我們更新為不可或缺的存在、比自身遠大的一切。為何而立則將我們導入珍視事物的核心，以及在世間生活所依憑的倫理。以何而立給我們羅盤，而為何而立則給了我們方向，讓我們知道要靠羅盤堅定地前往。我們需要問自己這兩個長久以來的問題，並詢問遇見的每一個人。這兩者是誠實關係的根本。

「以何而立」與「為何而立」密不可分。想想簡單的槓桿運作：透過被稱為支點的軸心，就能以一個重量舉起另一個重量。只要願意投身成為支點，以何而立就能在槓桿作用之下，強化為何而立。如此一來，在世上無論做什麼，都有槓桿原理的加持。反之，如果不知道自己以何而立，為何而立也會變得空洞。因為不認識根本，我們就會固執己見，盛氣凌人。

所謂的知，有兩個面向。一種是對意義的追索，為了存活而對本質進行無止盡的鍛造。一種是對特定觀點、想法、感覺或信仰的固著，這就是信念的陷阱：讓真理淪為假設與論斷的固執。正是信念的陷阱，讓素未謀面的以色列人與巴勒斯坦人互不信任，讓中西部的年輕基督徒見到回教孩童，就不禁快步遠離。

如同卡巴金（Jon Kabat-Zinn）所言：「倘若過於堅持自己的想法或信念，也許就會淪為困於自身理解與限制中的囚徒。」無疑的，信念就是一種硬化的老舊思想，鮮少經過檢驗。硬化的思維不會讓我們靠近生命或彼此，只會讓我們那難以重拾立足之地的固定模式不斷地增強。

生而為人的謎團，有一部分在於這個問題：如果愛與真實存在於我們體內，為什麼這麼難在彼此之間找到，而且這麼難以成長茁壯？答案似乎是：愛與真實如種子般在我們體內靜候，但是如果不澆灌它，它就不會成長。

反之，若是得到澆灌，生命的浩瀚就會進駐心靈，讓土壤裡的種子領受甘霖。當我們破土而出的時機一到，肥沃的靜默將取代言辭的力量。帶著這份靜默生活，我們的苦痛會讓位給喜樂。

浩瀚如何進駐心靈，是人類旅程的一部分。每個人都會被丟入生命的深淵，重要的是我們如何應對那個時刻，以及誰在我們的身邊。深層生命的開端始於與這個機緣的相遇。對我來說，這個機緣就是抗癌之旅，那改變了我在世間的立足方式，讓我成了一名在所有道路與傳統之中的學生，讓我成了應用精神的學生，並且將我引至我的「以何而立」與「為何而立」。

然而，讓我們得以立足穩固的，不一定非得是疾病或災難，也可以是奇觀、美好或愛。巨大的愛與苦難會降臨到每個人身上，提醒我們，光是存在於世上，已是多麼稀罕。我們只需要保持醒覺，心地善良，慈悲愛人；而終極的挑戰是：依靠著某種恆久而存在，為某種高貴而存在。

人生的福禍往往玄之又玄，互為因果。從福到禍，又從禍返福，我在這樣的過程中了解到：當一切失能，我被迫立足於原處，直到永生的存在之地從腳底升起，讓我站得更穩一些。

所以，我邀請你思索自己是依靠著什麼而存在？你最深層的基石是什麼？它如何鞏固你在生命中的位置？你又是為何而存在？引導你行為的倫理與價值是什麼？從個人層面看，以何而立與為何而立如何相關？

我邀請你思索僵固的信念及過分的執著，以此診斷是什麼讓你遠離自己的立足之地。我邀請你傾聽自身的經驗，並學習放下阻礙。這些內在的課業就開始於要靠近生命的誓言。

以何而立與為何而立是一種無盡的追索，讓我們在自身的完滿中持守這個世界。我只知道，終將盛開的花朵會接受來自天空的一切，而終於敞開的心房也會接納關於存在的一切。當我們全心全意去愛，就能從任何東西中汲取甜美。身分之河會穿越每個國度，打破所有邊界，而我們的職責，就是追隨這條河。

我們的終極挑戰就是，以某種恆久而立，為某種高貴而立。

【帶著走的課題】

- 在日誌中描述自己曾經如何受困於信念之中，曾經如何對於自己所相信的東西太過固執。你可以如何更新、並重整這份信念？
- 跟摯友或所愛之人對話，輪流描述各自的生命「以何而立」與「為何而立」。接著，探討個人經驗之中彼此共有的一個面向。

26 慢即是道

所謂藝術家就是為了認識自己而忘卻所學的人。

——E．E．卡明斯（E. E. Cummings）

生活在今日，真的必須捍衛自己的時間，才能進行綿長的思考。

——詹姆士．泰勒（James Taylor）

一位親愛的好友去攀登吉力馬札羅山，不自禁想加快步伐，好在當日的攀登取得先機。但是她的嚮導以肘輕觸提醒，要她跟其他人一樣放慢腳步，並用史瓦希利語說「Pole, pole n'd'muendo」，意思是「慢慢來，慢慢來才是正道。」

我們往往急於培養自身的天賦，以求滿足欲望或是完成夢想，然而，唯有放慢速度，透過天賦去與世界相遇，我們的美好才能被呈現出來。生命會不斷將我們鬆開，直到我們接受一個觀念：靈魂在世間的旅程，就是藉由善用心靈來發現重要的東西。

縱使知道生命會一再令我們加速，但仍有許多放慢的方法；縱使知道我們會一再投入競賽，但還是有很多讓內在與外在的競賽都平靜下來的方法。可以令我們放慢的方法包括：釋放出留存於體內的東西、面對迴避的東西、學會放下、一旦覺醒就不再睡去，以及練習接受與深度傾聽的技藝。

緊抓事物必然會令我們加速。只要把東西留存在體內，就看不清自身感受的美好力量。正因如此，越是隱藏恐懼與悲傷，它們越會猛力衝撞胸膛。然而，一旦承認自己害怕，或是坦承自己深深悲傷，不知為何，光是表達出來，內心的負擔就會減輕，我們也因此變得更為堅強。一旦解放積壓的東西，困難就會被稀釋掉，這個從留存到釋放的動作，正是所有蛻變的核心。

我們總是被這個世界吸引，卻又不免害怕這個世界。無論是否害怕，重要的東西永遠在我們逃離或迴避的路上等候著。我之所以知道，是因為我曾多次逃離真理，也用很多方法迴避生命的給予，最後這一切只是耗盡了我的心力，讓我落回當下所處之地。當我能夠面對迴避的東西，生命就會揭露自己。直面那些原本迴避的東西，總是讓我得以穩定靜立，直到感受到隨著所有道路、樹木與枝葉所產生的生命脈動。

另一個讓旅程緩慢下來的方法，就是放下緊抓的東西。因為固著的緊繃將我們拉離真實的步調。放下確信，才能開始從他人身上學習。放下對名聲的渴求，才能開始體驗平凡的旅程，而這將減輕我們的孤寂。放下對於「獨特」的想望，我們會發現生命的本質，就是與其他萬千生命的連結。

然而，放下的同時，心痛在所難免。沒有人喜歡心痛或失落，但在我們敢於付出關懷與愛時，它們正是沿途出現的導師。從心痛之中，我發現失落會將我們敞開，帶領我們認識聖靈的邏輯，因為悲痛逼得我去找尋曾經在各處失去的東西，而這讓我重新愛上這個世界。沒有什麼可以取代失去的人事物，但淚水會澆灌心靈的裂縫，於是我們才能成長。

不過，除非我們放慢速度，除非我們放下緊抓的東西，除非我們在不確定會遇到什麼的狀況之下做好接受的準備，否則上述的成長不可能發生。

修正迫切與速度的另一個利器，就是接受的練習。因為，對真實的抗拒總會令我們加速。對真實的抗拒總會讓我們受苦，太多時候我們浪費時間跟生命爭論，而非與生命合作，一起度過難關。而接受的門道，就是深度傾聽。不只要傾聽他人，也要傾聽自己。有時候，許多人會對說出自己真實的想法感到不知所措，因為我們早就停止傾聽自己的聲音。

練習這些放慢速度的方式，有助於幫助我們學習真正的表達。如同優游水中的魚告訴我們的，牠們的歸處不是浮出水面或沉到水底，而是往返移動。那樣的沉浸讓我們活絡起來，因為存在的緩慢課題不時將我們導向透徹的生命。在那樣的生命中，穿過深層的洪流，就能帶來力量。而生命的完整性也沖刷著心靈與腦袋，化為我們的感覺、思想與言語。

無論與誰相處，我都試著不要堅持自己習慣的語言，而是把心思放慢，直到能聽見所有語言的共通點。在那裡，我找到堅韌，堅韌的感覺把我帶回多年前抗癌之旅的試煉熔爐。我們都是陌生人，處在各自夢想的軌跡，處在各自的職業，處在各自的關係，各自以不同方式理解世界。癌症用如此的速度與力量將我跟所有的病人拉攏在一起，狂暴地把我們各自攜帶的標籤全都拆除。在驚恐與赤裸之中，唯一要緊的是攜手共度苦痛與畏懼，唯一要緊的是幫助彼此撐過明天。

當艱難險阻如暴風雨般猛然現身，存活的條件就是太極大師所追求的緩慢平衡，帶著完滿而謙卑的心，只與必要的東西相遇。這就是萬物驗證的真理：當我們讓心緩慢的接觸世界，不再隱密、不再湍急的世界就會化為一座靜候的湖泊，水波不興，清澈見底。

偉大的愛與巨大的苦難在本質上迫使我們覺醒，我們接下來的任務就是持續努力著不再睡去，不再麻木，不再偏離自身經驗中珍貴而脆弱的事實。

所以，我們需要彼此，互相提醒不要睡去。該怎麼做呢？答案是：停止攀比競賽，進入每個剎那的真實，傾聽生命的偉大智慧，當它如穿過天際的雲朵一般穿過我們。

偉大的愛與巨大的苦難在本質上迫使我們覺醒。我們接下來的任務就是持續努力於不再睡去。

【帶著走的課題】

- 在日誌中描述自己曾經如何讓生活變得更匆忙，以及這種狀況帶來的影響。接著描述一個可能讓你放慢速度的練習，以及這個練習帶來的影響。
- 跟摯友或所愛之人對話，挑選一個放慢速度的方法——釋放出留存於體內的東西、面對迴避的東西、學會放下、一旦覺醒就不再睡去，或者練習接受與深度傾聽的技藝——然後講述一個令你欣賞者的故事，以及那個人如何實行這個放慢速度的法門。

第三部

擴展我們的圈

很多事取決於能否接納自身之外的觀點。無論多麼堅守信念，你所擁有的觀點，都不能只有一個。正如遮住一隻眼看東西，就無法感知深度，用兩隻眼觀看，才能看見事物和思想連貫之處的聚合點，一切都變成多面向。當我們過於偏激、抗拒改變，就等於只用一隻眼觀看，錯失了觀點浮現的機會。

我走過許多人生
其中有些是我的
而我不再是本來的我
縱使存在的原則是延續性的
我也努力不從中偏離

——史坦利．庫尼茲（Stanley Kunitz）

愛因斯坦以深刻的洞見談論人類的一體性及區隔的假象：

人類是整體的一部分，我們將這個整體稱為「宇宙」，受限於時間與空間。我們以為自己的想法、自己的感覺，與自己本身跟其他人都有所區隔——這是一種意識的錯覺。這份錯覺形成一座牢籠，把我們限制於個人欲望及對身邊少數人的情感之中。我們的任務就是擴展同情圈，擁抱所有活著的生物，欣賞整體的自然之美，進而逃脫這座牢籠。沒有人能夠完全做到，但努力的過程本身就是解放的一部分，也是內在安全感之基的一部分。

這位偉大的物理學家鼓勵我們擴展同情圈，以此深化自身與所有重要事物之間的關係，而這份關係將成為一種內在的基石。

他的意思是，擴展關懷的圈子，就是取回根本而必要的東西——這正是全然活在當下的日常課題。當我們被拖住或受到傷害時，我們可以藉由恢復對於自身經歷的信任，藉由再次確定靈魂希望與世界結合，藉由拒絕那些被施加於自身的傷害所定義，重新投身這個課題。在這個不斷擴張的範圍裡，萬事萬物都連接在一起，一旦踏入其中，自我就會被修復成為一個宇宙的入口。

這個部分的章節深入探究了各種我們必須擴展同情圈的情境，以及這將如何深化並強化彼此的連結。

27 麋鹿們在盯著什麼

一連開了三天車，年輕的考古學家因為擔心趕不上懷俄明州拉勒米的會議而焦躁不安。心急如焚的他快速駛過洛磯山脈前脊與廣闊平原間一處陽光普照的區域，突然發現車子被困在一群路過的麋鹿之中。

他氣急敗壞地猛按喇叭，要麋鹿們閃開，好讓車開過去。結果，麋鹿們只是靠得更近，猛盯著他瞧。既然被迫停下，無奈中他索性將車熄了火，靜靜與鹿群對視。突然間，他發現鹿群盯的並不是他，而是在他背後灑下陽光的天際。當太陽終於沒入最高的山脊，鹿群就陸續離開了。他坐在原處，直到最後一頭麋鹿消失在眼前，才再次發動了車子。

他知道一切都不一樣了，與這群麋鹿的短暫相遇，為他帶來了某些改變。從此，他不再急於前往何處，而是安之若素地徜徉在鹿群所開啟的萬物一體之中。現在的他踏入了時光之流，而非追逐著時光。

這個故事代表了學生自我與老師靈魂之間的另一個選擇。我們可以這樣表述：你要以哪種感受來過日子？是追尋標靶的箭矢，還是追尋家鄉的水滴？多數時候我們急著前往某處，只因對所處之地感到不自在。多數時候，我們試圖把困難的東西拒於門外，以至於讓一直存在的美好無法進來。

旅程總是與我們所期待的不同，而且路程遠比想像的更為長久。終究，

生命不是用來追逐或度過，而是用來進入並吸收。說起來簡單，其實這是必須時時刻刻留意的困難真理。面對這個真理，就像跟一頭浮出水面的鯨魚搏鬥——懇求牠跟我們一起留在世上，即使牠一定得潛回深處才能存活。

也可以說，把重要事物置於眼前，就是所有知識的目標。偉大的猶太哲人赫歇爾（Abraham Heschel）告訴我們，在東歐猶太人眼中，知識並非一種用來得到力量的媒介，而是一種從所有真實的泉源中取飲的方式。如果是為了得到某些知識，才去研究學習，那會被視為一種褻瀆。對他們來說，去了解「學習」這件事的目的，是為了參與靈性之美，是為了保持韌性與完整。

有鑑於此，我們在前文討論過馬哈希與弟子的談話，邀請我們進行一場神聖又私密的練習，一次次分辨這些選擇：要傾聽解決問題的聲音，還是傾聽活在所有問題之下的內在精神？要深化懷疑，還是堅持信念？要行使意志，還是臣服？要以意識操弄這個世界，還是用更廣大的自我，跟世界建立關係？

當我們被猶豫與困惑扔來拋去——這是必然的——我們可以靜下心來做出清明的評估，看看到底是什麼在引導我們：是那個迫切想要掌握所有事物的學生，還是教導我們深刻理解事物內在的老師？當我們被不安全的岔路所逼迫——這是必然的——我們可以停止掙扎於其中，試著接收萬物一體所帶來的浮力。

當我們處於災禍中，我們可以冒險相信船到橋頭自然直。當我們即將在痛楚與哀傷中溺斃，我們可以鼓起勇氣跟自身的感受待在一起，直到體驗到比痛楚與哀傷更為深層的東西。

為了確保順利生存，我們內在的實用主義永遠會以分割的世界為食。然而，一有機會，內在那個更為廣大的自我，就會找到身處普世之流的位置。於是，我們將一次又一次，覓得那份彷彿一葉扁舟漂浮於大海所熟知的寧靜。

旅程總是與我們所期待的不同，而且遠比我們所想像的長久。

【帶著走的課題】

- 跟摯友或所愛之人對話，描述一個充滿懷疑的時刻，以及那時自己最懷疑的東西。接著，描述一個帶著信念的時刻，以及讓自己抱持信念的東西。討論是什麼將自己引導至這兩種時刻。最後，依照自己的認知，描述無論你抱持或懷疑信念，都將持續存在的生命本質。

28 練習的盟約

如果不想瞎忙一場，就必須踏入關於「練習」的矛盾之中。首先，要從必須學習的特定事物之中得到收穫，練習是不可或缺的，如同信奉藏傳佛教的電影導演兼作家福克斯（Jennifer Fox）所言：

透過練習，理解將會冉冉升起，緩緩進化……在體內持守一塊可供教導滲入的心地，少了練習就會變得不著邊際。

而美國的靈修導師阿迪亞香提（Adyashanti）也說：

靈修練習的功用，就是耗盡追尋者的心力。如果練習得當，就會讓我們發揮追尋的力量，如此一來，現實才有機會顯露。

所以，我們的挑戰就是時時練習生活中的特定行為，並理解到這樣的沉浸其中，就會將自己打開，迎接所有練習的終點，讓生活本身成為一種獎賞。

我們每天都練習把所學運用於未來，如同爵士樂鋼琴手嚴謹的學習音階與和弦，以期有朝一日可以即興彈奏。等待時機到來，練習的終極獎賞就是讓我們潛入當下之流的更深之處。於是，所有事物都值得沉浸，這進而允許我們練習融入那些即將經歷的時刻。

沉浸的另一個核心面向是，在所有被感受的經驗底層，那個重要的存在是無以名狀的，因為它無法被證明，只能被感知。正因如此，很多文化的精神傳統中，並沒有一個用來指稱「上帝」的詞彙。在猶太經文裡，提及上帝的地方都留了白，作為對不可見玄奧之物的崇敬。這種本質上的存在既貼近一切經驗，卻又不可見，如同空氣之於飛鳥，如同海水之於游魚。

這讓我想起一個故事：一個沿著海邊散步的男人在波濤中看見兩條魚，他涉水俯身問道：「住在海裡是什麼感覺？」兩條魚沒有回答。於是男人離開了。男人走遠之後，一條魚看著另一條魚說：「海是什麼？」不識廬山真面目，只緣身在此山中。對於自身經驗的無以名狀，正是全然沉浸的徵兆之一。

一旦沉浸於生命，就很難緊抓住經驗不放。當我們走得越遠，越被要求要去信任自己的感知，甚於信任大腦的智識。然而，腦袋頂多是一張網，無論織得多麼細密，也難免會有孔洞，但我們毋須憂慮，因為心靈是一塊海綿，在底下等著吸收腦袋所無法理解的一切。

一經沉浸，就要讓重要的東西流過我們，而非對其緊抓不放。所以，當重要的東西溜走，不要煩躁，你的心會接收它們。因為，無論我們是勤勉還是健忘，從思慮中溜走的東西都會安然落進存在的基底。重要的東西總會如零星的寶藏那樣漂流於理智之下，終究沒入沒人看見也沒有名字的底層，然後融入所有人共同的溫柔。在事物深處的根基，就是永恆力量的泉源。

雖然準備工作需要辛勤的努力，不過，最後這些努力將成為生命之火的引信，而我們生於世上，就是要讓這把火持續燃燒。我們的準備工作能夠撥旺這把火，而準備工作結束後，我們必須遵循著呼喚走進生命。

練習所能獲得最明確的禮物就是，我們會忘情於經驗。如果能持續獻身於練習，那麼就能夠為了融入比自身遠大的一切而拋卻本來的慣性，抵達德國哲人尼采（Friedrich Nietzche）所說的境地：必要即美好。

舉例來說，你可以長時間靜坐冥想——超越思想的雜音，超越久坐的痛苦，超越附近靜坐者的呼吸——直到我們跳脫尋常的自己，進入智識之外那短暫的物我合一瞬間。

事實上，練習與沉浸的交互作用，就是祈禱的型態之一。所以，迷惘的時候，拾起某個壞掉的東西，試圖把它修好；傾聽某種自然的聲音，試圖理解它的運作，或者打開雙手，接收散落在心靈附近的一切。

在最深的層次，追求完整存在的努力，往往能夠讓意志蒸散無蹤。然後，無論身在何處，我們都會像花朵一樣綻開，生命的土壤透過心臟把活力之水送往我們的嘴巴與手臂，好讓我們展現慈愛，進而吸引其他的生命。不懈的練習所能達到的成果就是：藉由浮現的生命力，做自己最擅長的事——活著，並找到其他生命。

如何進行沉浸的練習？你可以把全副注意力投注到生活中的某個特定面向，無論是它什麼，然後把自己徹底交付出去。因為，透過對細節的關注與愛，生命的完整性就會浮現。

詩人里爾克（Rainer Maria Rilke）曾這麼談論偉大的雕刻家羅丹（Auguste Rodin）：他深愛眼前的一切，直到美好流入他掌中。的確，誠如里爾克所言：「萬事俱備的時候，另一種更偉大的美好就會到來，如同夜晚降臨而林中無人時，動物就會前來飲水。」

海綿只在吸飽水時才能展現完整的形狀，同理，練習及練習所帶來的沉浸會令我們擴張，成就所有的潛能。像一個鎮日鍛造器械的鐵匠把臉浸入一潭湖水之中，我們也在進入生命之湖、並用唇吻打破自身倒影時，認識了上帝。

如此沉浸會把自己打開，迎接所有練習的終點，讓未經彩排的生活本身成為獎賞。

【帶著走的課題】

- 在日誌中描述你在生活中練習的某一件事。這份練習是如何提升你的技巧？沉浸的努力如何讓你更能做自己？

29 不移

這是忠犬八公的故事。名喚「八公」的秋田犬於一九二三年出生在日本大館市附近的農場，牠的一生演繹了動物透過獻身而表達的智慧。

八公的主人是任教於東京大學農業部的上野英三郎，在他與八公共同生活的兩年間，八公每天都會在澀谷車站等候下班的上野教授。一九二五年五月，上野教授在八公等候的同時死於腦溢血，然而往後的九年，八公還是每天同一時間走到澀谷車站等待牠的主人。

八公不斷來到最後一次見到主人的地方等候，通勤的人們偶爾會帶東西給牠吃。八公的行為成了一則傳奇，「忠犬」的名聲傳揚開來，老師與父母們開始講述牠的故事，把它當作長久的愛與友誼的典範。

八公去世的前一年，牠的雕像被樹立於牠每天固定等待之處。一九三五年三月八日，有人發現八公死於澀谷車站附近的街上。如今，八公長久等待的位置有一個青銅犬掌的印記，附近的雕像也因為被往來人群頻頻撫摸而發亮。

最近，我們開車前往印第安納州的克朗波因特，把新領養的狗狗接回家，那是一隻十八個月大的拉布拉多。距離我的愛犬米拉過世已經超過一年。驚喜的是，這隻新來的狗狗呼喚了我們。失去愛犬的悲痛將我們的心割裂，就像八公一樣，我們也以自己的方式不斷回到最後一次見到愛犬的地方。我們像八公那樣等待著，雖然不確定到底在等什麼。

然後，在一個灰濛濛的二月天，我們在失去與新生之間的某處醒來，我雖然無法想像再養一隻狗，卻也無法想像從此過著沒有狗的生活。我們不確定自己是不是已經準備好，但我聽到悲痛之下有個聲音說：「去看看吧。」

前往克朗因波特的車程中，我訝異於人類如何輕易被所愛之物改變與重組。那顆因為失去而變得柔軟的心，餘生裡都將烙印著所愛的形狀，而動物體現了讓我們靠近生命的秘密。牠們每天都提醒我，我們每個人都即將重生。

我們把新來的狗狗取名為祖祖，借用一九四六年的電影《風雲人物》（*It's a Wonderful Life*）裡的角色。祖祖是男主角喬治．貝里的小女兒，她從學校帶了一朵花回家，因為幾片花瓣掉落而悶悶不樂。喬治假裝把花瓣黏回去，其實把它們偷偷放進口袋。

當晚，處在自殺邊緣的喬治透過天使看見一個場景：如果他未曾出生，這個世界將蒙受多少損失。然後，上帝給了他第二次機會，讓他重返人間。他回到家裡，不確定這場靈魂結算是否只是一個近乎絕望的夢境。當他在口袋裡發現了祖祖的花瓣，才理解到一切都是真的——渴求、動盪、放下，以及恩典。

我們領養的祖祖是在肯塔基找到的流浪狗，而牠的第二次機會，也是我們的。

牠們每天都提醒我，我們每個人都即將重生。

【帶著走的課題】

- 跟摯友或所愛之人對話，描述一個讓你像忠犬八公一樣因愛重返的人、地、時。你為什麼這麼做？這種私密的朝聖儀式為你帶來了什麼？又讓什麼東西在你心裡活著？

30 不具名的榮耀

我們把家庭的範圍畫得太小。

——德雷莎修女

《太陽》（*The Sun*）是一本專門講述真實經驗的期刊，由薩凡克希（Sy Safransky）在超過四十年前於北卡羅來納州的教堂山發行。一九七四年發行的第一期是用影印機印出來的，在發行超過五百期並累積了十萬名讀者之後，《太陽》形成一個社群，這個社群透過這套歷經時間淬鍊的期刊，持續與生命產生對話——堪稱草根而現代版的《塔木德》。

《太陽》期刊每一期都有「讀者投稿」的單元，其中散發的洞見與智慧不輸給刊物中由專家與藝術家所撰寫的篇章。薩凡克希說了一個關於二〇〇七年九月號出版的故事：

數萬冊期刊在印刷廠等著被寄送，某人代表一名囚犯打了電話過來。那名囚犯寫了一篇關於獄中幫派的文章，刊載於當期的「讀者投稿」單元。我們在幾週前寄了一份編輯過的最終定稿給那名囚犯，但由於監獄郵寄作業緩慢，直到雜誌都印好的此刻，他才剛剛收到。這通電話是要告知我們，這篇文章沒有依他的要求將筆者（這名囚犯本人）匿名，他害怕會因此受到獄中幫派領袖的報復。他是個待在嚴格守備監獄的死刑犯，所以我們沒有即時聯繫的管道。我們將刊物的郵寄流程延後，嘗試以各種方式手工修改，結果全都差強人意。我們討論是否要照原定計畫寄出印有這位囚犯名字的刊物，但最後還是作出唯一符合道德的選擇：重印超過七萬份的期刊，確實將那篇囚犯所寫的文章署名為「作者匿名」。

這是一個屬於人類社群的非凡時刻。怎麼說呢？因為薩凡克希和他的員工沒有忽視那些願意帶著真相聯繫他們的人。他們邀請這個人把真相公諸於世，也承擔了伴隨而來的責任，不願留那個人在獄中孤軍奮戰。他們關切那些被牽扯到的生命，以及這名囚犯因為揭露真相而可能面對的凶險。

薩凡克希和他的員工大可以衡量得失，他們大可說：「我們盡力了，但實在沒辦法。」他們大可把重印七萬份的開銷與精力看得比一個死囚的安危更重要。我們隨時都在這麼做：當處境變得困難，我們就把對自己的道德標準降低。

然而，我們持續面對的挑戰，就是這種超越實用的惰性。一個眼盲的女人在對街跌倒，我們皺緊了眉頭，但離真的去伸出援手，好像還有不少距離，而且已經晚了。於是我們告訴自己：「這附近總會有人幫她吧。」很難分辨哪些是我們應該擔起的責任，但是如果相信自己的心，就會發現完全是我們的責任。

有鑑於人們對彼此視而不見的各種情境，《太陽》期刊的員工設身處地，去瞭解這名囚犯的恐懼與未來的苦難，這樣的心力是一種深度的勇氣。

不具名的英勇始於追隨內心的呼喚，釋放出關懷。例如，旅館的老菸槍突然一心想要餵食路邊的小鴨。正在電話上談公事的律師說了聲「我晚點打給你」，然後轉彎停車，一把抱起對街的流浪狗。我的妻子小心翼翼把困在紗窗與玻璃窗之間的蒼蠅趕出去……**人類內心自有一份關懷，我們要做的，就是接受這份關懷的指引**。

我們都是志同道合的靈魂，在痛楚與驚奇之間相遇。無論從何開始，每一次對於自身經歷的誠實述說都能闢出一條路，通往廣大而恆久的共有之地，而我們注定在那裡遇見所有曾經活過的靈魂。

而所有生命的中心——如同在那片廣大恆久的共有之地所感受到的——都能帶來活力與療癒。正因如此，當你的心靈破碎、而我的夢想遺失，我們就會在那片空地相遇，並且認出彼此。

沒有人能活在那片空地，就像沒有人能夠活得太靠近太陽；但儘管如此，正是從那片空地所接收的共有之光讓我們保持健全，讓我們得以成長。你想怎麼稱呼那片「共有之地」都可以，重點是，我們要榮耀並且回歸於它。

很難分辨哪些是我們應該擔起的責任，但如果相信自己的心，就會發現全部都是我們的責任。

【帶著走的課題】

- 在日誌中描述某次你沒有對別人伸出援手的經驗。為什麼？什麼原因讓你不願插手？你在害怕什麼？
- 在你居住的小鎮或城市閒逛，默默追隨那引導你內心的關懷之情。如果它要你觀看孩子們玩耍，你就觀看孩子們玩耍。如果它要你協助某個拿不動重物的人，你就伸出援手。然後，跟摯友或所愛之人對話，講述這段匿名關懷的故事，說說你從中學到了什麼。

31 以新鮮的眼光

縱然無法以同樣的方式思考，難道不能以同樣的方式去愛？縱然無法共享一個意見，難道不能萬眾一心？

——約翰·衛斯理（John Wesley）

我們花費很多時間去逃避改變，然而諷刺的是，我們隨時在變，就連細胞都一直在重組。寫下這段文字時，我的細胞正在重組；閱讀這段文字時，你的細胞也是，這就好像正想著不要眨眼的同時，已經眨了兩次。

最近在中西部一間社區大學教授宗教調查課時，這些想法冒了出來。一個討喜的年輕女子舉手發言，她說自己隸屬的團體每週四邀請不同信仰的人共進晚餐。說起這些與自己不同的人接觸的經驗，她的眼睛發亮。

但是接著她臉色一沉：「我喜歡聽不同的人說話，除非他們冒犯了我的信仰，那是我被養成的方式。」她的眼神變得冰冷：「我的心胸開闊，但我不會改變自己。」突然間，她彷彿落入一個難以自拔的心情。其實她已經因為自己所聽到的一切而改變，只是難以承認罷了。

這引導我們去探究一件事：我們是如何讓自己的心變得僵固、不輕易改變。這往往源自一個靜默的、近乎絕望的意圖，那就是努力要確保自我（或是我們所以為的自我）不會因為暴露於生命經驗而消失或瓦解。

我們害怕因為差異而丟失了身分，我們擔心自己會屈服，然後變成了我們所遇見的那些其他人事物。事實正好相反，自我的本質只會因為傾聽他人而**成長**。健康的改變就是一種成長，反映了我們如何透過他人的生命力**成為**自己。如同托馬斯．莫頓所說，倘若真正看見對方，「我們會跪下來膜拜彼此。」

在承認需要助聽器之前，我記得有好長一段時間我已經習慣自己聽不見，於是，我在無聲世界的遲鈍感漸漸成為一種常態。同樣地，當我們習慣自身觀感的舒適，抵抗任何形式的差異，我們就變得**腦聾**，也就是把思想的遲鈍強加於這個世界，還認為這樣是正常的。

當我們腦聾，會認為別人對生命的理解都說不通，除非與我們自身的理解相近。而當我們習慣自身感受的歷史，抗拒他人所感受到的真實，則會變得**心盲**，認為別人對生命的感受都沒有意義，除非能反映我們自身的感受。這種抗拒會發生在每個人身上，只是程度高低罷了，問題是：拒絕自身以外的理解與感受所帶來的教導，能夠撐多久？

抗拒所有無法支持自身想法的思維，等同於把見到的一切都變成自己。而刻意淡化或無視所遇見的每種新鮮感受（除非與自身經驗相符），等同把觸碰到的一切都變成自己。這種自我中心的延伸，會使腦袋與心靈顯得孤立，而這種自我中心的作為也會讓我們周遭的生命枯竭。

是隨遇而安，還是藉由被框限在舒適感之中而變得狹隘，這兩者有一個細膩的區隔。對於改變的抗拒，對於自身偏好的堅持，都可能將我們圍困，直到我們被僵固的自我包裹住，無法繼續從生命之井取飲。

看來，我們很少能夠看清那些貼近自己的一切，又常常把自己所愛的東西視為理所當然，直到因為痛楚或震驚來襲，而被逼著以新鮮的眼光看待周圍事物。不是不在乎，而是因為這就是意識的前景與背景，也是醒覺的前進與後退。我漸漸理解，這樣的看與不看，都是人生經驗中很自然的潮起潮落。

所以，該如何擴展自己的視野？那就是讓接收生命整體的能力復甦，然後以此為起點。你們可能還記得，在全球定位系統普及之前有一種叫「AAA Trip Tiks」的東西。駕駛打電話給美國汽車協會，告知自己想前往的目的地，他們就會在實體地圖上為駕駛規劃出路線，以黃色標示，讓駕駛按圖索驥。

然而，若在途中轉錯了一個彎，就必須一路往回開到標記的路線，才能繼續行程。

有了全球定位系統之後，無論身在何處，都能立即重新規劃路線，沒有必要走回頭路，因為全球定位系統參照的是從衛星俯瞰的全面視角。而儘管AAA Trip Tiks也幫了不少忙，該系統卻預設了只有一條路線可以通往目的地。反之，全球定位系統是一種全盤性的思考，預設有許多路線都可以抵達目的地，並給予探索與修正的空間。活在一個比以往生活更緊密的年代，在世間闖蕩的我們必須培養「條條大路通羅馬」的思維。

很多事取決於能否接納自身之外的觀點，無論多麼堅守信念，你所擁有的觀點，都不能只有一個。對此，懷抱著深刻思想的女性主義者弗林德斯（Carol Lee Flinders）引述了史密斯（Huston Smoth）的話：

> 他以前常談起用兩隻眼睛觀看的價值——遮住一隻眼睛，就無法感知深度。用兩隻眼睛看，能遠遠看見事物連貫之處的聚合點，於是一切都變成多面向。

要瞥見所有思想的聚合點，我們需要的不只是單一觀點。當我們過於偏激固執，當我們抗拒改變，就代表只用一隻眼睛觀看，錯失了觀點浮現的機會。

我們在抗拒改變與接受改變之間擺盪，在習慣自身觀點與調適未知觀點的地帶游移，我們在腦聾心盲及被迫接納新觀點之間掙扎，但請務必在不溺斃的狀況下，試圖游往深處，持續朝著聚合點奮力前進。

不得不承認，活了大半輩子之後，有些日子裡，我還是會一醒來就感覺到自我的薄弱與微不足道。一旦感覺自己很渺小，就很難去跟比自身遠大的一切保持連結，很難屈身向前。當感覺自己微不足道，就很容易用一隻眼看世界。

然後我開始躲藏，變得不信任，甘於灰心喪志，儘管我知道這樣不明智。所幸人生歷經多次這樣的轉折，感覺渺小的風暴終會過去。當我感覺渺小，當我感覺不足，當我無法以自己所知的方式伸出手，我會提醒自己要記得所有人相遇的聚合點。

這個世界何其美妙，繽紛的風景在我們身邊盤旋吟唱。這個世界放不進我心思的小框架。每個人的人生中都充斥著多元與改變，無論我們承不承認。唯有對改變抱著心胸開闊的態度，並且學習用新奇的眼光看待一切，才能再次應許生命。

很多事情取決於能否接納自身之外的觀點。

【帶著走的課題】

- 在日誌中敘述你在改變發生時，刻意抗拒改變的經驗。這種矛盾對你產生了什麼影響？你最後如何接受改變？
- 跟摯友或所愛之人對話，講述你跟一個和你很不同的人協力抵達聚合點的故事。你們如何找到彼此的共通點？

32 六〇年代的孩子

我是一九六〇年代出生的孩子，那個狂野而生機勃勃的年代，因著許多極端事件而遭受頌揚或譴責。那段動盪的歲月塑造了許多人，我可以舉出多起事件，每個都有值得訴說的故事。

社會激變的洪流推著我們打破上個世代的規則，我們正好在文化的斷層帶上成長。在名為「六〇年代」的一場地震期間，大地崩裂，讓我見證到所有混沌之下的核心，這帶給我持續了一輩子的影響。在那個深淵中，我感受到事物深邃恆久的本質，這份覺知導引了我之後的人生方向。

在那場照亮黑暗的星爆裡，我並非要角，我只是跟許多人一樣，在六〇年代苦難與漩渦中隨波逐流。你可以說那年代的孩子就像怒海沙灘上的一群蝸牛，被海浪拉扯沖刷著，沒有穩固的東西可抓住。同時，也有人伏低避開風浪，從此不在公眾面前嶄露頭角。然而，有些人動作太慢，來不及閃躲奔逃，剛探頭瞧瞧這些騷動是怎麼回事，就被意外捲入翻攪的浪潮，將所知的一切沖刷殆盡——我正是其中之一。我就是在六〇年代第一次真正的「看見」。因此，在六〇年代的成長經歷可說擴展了我的關注圈。

在我們四散度過各自的人生前，漫長的社群時刻將整個世代編織在一起。多年後，在婚姻及無數的新生後，我們仍能透過眼裡的深度認出對方。

他們可能正在搭地鐵，在醫院候診，或在街角小館為咖啡加入一匙糖。突然間，從所有的地圖底下冒出一種特殊的生命感，這其中有太多想說的，但能形容的詞彙卻少之又少。

容我分享當年一個發人深省的小故事。四十幾年前，一群大學生為了抗議壓迫而佔領了學校的行政大樓，我是其中一員。事實上，我的情況有點算是被迫加入，我對於實際發生了什麼事並不太清楚。

我當時正在跟另外幾個人進行深度對談，圍繞著難以捉摸的真理，探討生命如何打磨出我們的美好。接著人群群聚起來開始喧鬧，突然間，如同追尋海流暖處的魚群，我們進入那棟行政大樓。然後，一個兄弟——剛才還因為堅持自己的理念而不願參與我們的對話——把大門從裡面鎖上，站上了辦公桌，宣告這棟建築物已經被佔領。有些人歡呼起鬨，有些人因為被迫參與而埋怨不已。我跟我的朋友搖搖頭，認為這簡直是個諷刺的例子，說明生命如何迫使我們面對彼此。

當彼此的距離縮短，雖然可能更感到壓迫，我仍從這樣的經歷中學到東西，我就是在那段時間學會提出更多問題。我學會相信，只有誠實的走進問題，我們的心防才會軟化，卸下陌生的面紗。

有時候，我確信六〇年代的浪潮翻騰了四十年，打中了許多老年人內心深處的信念，讓這些老人因此驚嘆不已。我認為，這對任何世代的人來說都是幸運的：剝奪了所有的因果與解釋，只餘下真理與良善。我們手掌向上，托著我們的問題，像捧著一個乞食的碗。

當彼此之間的距離縮短了，雖然可能更感到壓迫，我仍持續從這樣的經歷中學到東西。我就是在那段時間學會提出更多問題。

【帶著走的課題】

- 詢問一個比你年長的人，成長的歲月是如何形塑了他們。在日誌中寫下他們的故事。
- 接著，跟摯友或所愛之人對話，講述你所聽到的故事，然後討論你所成長的那段歲月，是如何形塑了你。

33 繁盲

要說挺過艱困和逆境，人類擁有悠久而卓越的經驗，但我們現在要做的，是挺過這個時代的繁榮與昌盛，在這方面我們還是新手。

——亞倫．葛雷格（Alan Gregg）

無論賺了多少錢，擁有多少成就，優渥的生活總會為整個和諧社會帶來一些挑戰。優渥與幸福是兩回事，打從帝王或君主年代起，比較幸運的人偶爾會對不幸的人產生同情，但多數時候，他們被自身財富的光芒蒙蔽，無法感受他人的困苦。現代社會的繁盛成果比以往來得更普遍，但奮力求取財富的執念，常常讓我們看不見跟別人的連結。

英文中表示「繁榮昌盛」的單字 prosperity，拉丁文的原意是「好運與成功，或是尺寸的增長」。英文中代表財富與運氣的 fortune，則可回溯到古法文，意思是「運氣作為影響人類事務的力量」。

當然，這些都無法讓我們知道什麼是所謂的幸運或成功，但可以讓我們看見長久以來盤據人類心思的概念一直是：「多」比「少」好，而且「有」好過「沒有」。隨著時代變得更為物質主義，「昌盛」的定義代表了人類累積與擁有的歷程，固守與保護所有物的需求隨之而來。然而，關於昌盛，更恆久的概念應該是：擁有財富的人去保護並捍衛那些無法擁有財富的人。

在生命之初，為了生存，我們被迫累積並使用物質。然而，在這樣的過程之中，物質的欲求成了一道將我們圈困其中的牆，阻止我們去融入生活。從古至今，不同的個人、社群或文化無不面對不同形式的這類挑戰。從深處來說，挺過昌盛的關鍵在於：明白對物質的欲求何時不再能夠幫助我們，反而是帶來阻礙。要挺過昌盛，我們必須打破物質的高牆，讓自己與人性重新接軌。

若不處理這個問題，昌盛帶來的孤立將會削弱我們的敏感度，造成社交盲目。這樣的理解並非把昌盛的現象給妖魔化了，只是承認它的副作用。如果不治療，這份孤立將會弱化心靈，如同細菌產生抗藥性。昌盛的阻隔會讓我們與真實疏遠，那個真實就是印度教所謂的 tatvam asi，意思是「我們即彼此」。一旦斷開這種根本的連結，身為社群的我們就會崩解。

對遊民的迴避一直是這種「繁盲」的顯例。我相信你也有可以分享的故事。我的故事來自一位叫鮑勃的朋友。他回憶起有一次在舊金山被同志遊行吸引，無盡的色彩與靈魂在空中翻飛。遊行結束後，他閒晃到教會區的一間爵士酒吧。凌晨三點，找不到計程車的他徒步穿過多洛雷斯公園，在眼睛適應黑暗後，他看見遊民在草皮上躺成一片：倚靠在老樹根上、癱倒在生鏽的板凳下、蜷曲在傾斜的圍籬邊。那些白日不見的人群之海佔據了每一寸可以歇息的地方，無家可歸，無處可去。

他們不像死了，卻也不像活著，而處於中間地帶。突然間，在痛苦與疲倦之間，鮑勃感受到社會底層最根本的低鳴，那些人所擁有的一切都被磨蝕殆盡，只剩赤裸裸的空氣存於彼此之間。

我們怎麼會沒有看見？我們怎會沒有感覺？我們一直假裝這種破碎只會發生在不幸的人身上，是他們沒能掌握運勢的風向。然而，這種破碎其實是開啟惻隱之心的敲門磚。我們假裝無家可歸是個人所犯下的錯誤，但其實我們貪得無饜的想望，往往壓迫著那些因為被放逐而羸弱的人。

無論擁有的多於所需，或是奮力取得領先，我們總認為畫出一個代表企圖心的圈圈是合理的，我們宣稱每個人都要對自己的命運負責，這在某種程度上確實沒錯。但在努力求取更多、同時守護已經擁有的過程中，不知怎地，我們開始與彼此為敵——直到有一天，我們從繁榮昌盛的巨輪滾落，不明究裡。

然後，我們開始哭訴不公平，我們加入那個被視為低階的社群。然後，我們卑微地拋下關於命運的教義，如同遊魂在街頭尋求幫助。往往，只有自身的苦難能讓我們感受到他人的苦難。因此，我們終究會明白：不只要對自己的生活負責，也要對彼此的生活負責。社會的健全，就仰賴這兩份真理的同情相繫。

讓目光穿過物質之牆，我們才能敞開自己，看見他人的苦難。只有讓目光穿過財富所散發出來的刺眼光芒，穿過害怕失去財富的恐懼，我們才能敞開自己，看見掙扎於匱乏之中、那些人們的智慧與韌性。

公益社群組織「野花會」（Wildflower Institute）的創辦人劉漢寧（Hanim Liu）提出一個概念，我姑且稱之為「窮人的智慧」。他認為有一種努力得來的智慧之源未經開發，只因為我們害怕貧窮而錯過。

想想旅遊與隱私是如何妨礙我們接收在地方與關係中所涵養的智慧。很多人未能在一個地方待得夠久，直到培養出身處其中的智慧。同理，對於能夠自己擁有一個房間的人來說，近距離相處的智慧也並非觸手可及。雖然獨處有助於個人發展，但與人同住一室迫使我們必須處理衝突，進而開發出某些關係建立的技巧——這又是另一種必須歷經辛苦才能得到的禮物。

我不是要把艱困的處境浪漫化，而是要強調每種處境都能提供學習的契機。顯然，有能力旅遊，或擁有一個屬於自己的房間並沒有錯，兩者都是福份。說得更確切一點，每個處境都有課題在其中等著，但在那些無法享有兩者的處境中，也一樣有一份固有的智慧，卻因為我們對匱乏的恐懼而被忽略掉了。

那些沒有錢旅遊的人被迫挖掘在某個特定之處的智慧，換言之，他們被迫在自身所處之地找到意義——所有人都能因此獲益良多。同理，因為生活而入不敷出的人，往往被迫與三、四、五個，甚至更多人共享一個居所，這些人則被迫為了生存而開發出更多關於分享、協商與妥協的技巧——所有人都能因此獲益。

較幸運的人常常認為窮人是匱乏的，沒有任何值得給予的東西，然而，窮人擁有的人性資源其實很廣大，而且常常比他人更為嫻熟老練。事實上，與其說是純粹的慈善，幫助窮人更像是一種資源的交流，就好比說，那些有本錢旅遊與保有隱私的人，就常常需要地方與關係的智慧。

當我們開始躲在物質背後生活，孤立的痛苦於焉產生。隨著我們積聚並守護自己所擁有的財富，很快就會發現自己被越來越多科技壕溝所圍繞。單單為了最基本的人類接觸，就必須跨越重重的阻隔。在昌盛之中意料之外的逆流，就是與其他的人分隔。

相對地，想想加拿大第一民族的長屋傳統，那是一種能夠容納一個大家族高達四十八名成員的共同住宅。這些長屋也被稱為「大屋」，堪稱與視線中所有人同居的濫觴。

我不是要提倡禁欲苦行，或建議大家拋棄自宅去住公共空間。我鼓勵的是一種更真誠的生活，在這樣的生活中，我們會把人擺在物質之前，不管自己擁有或沒有財富。因為我渴望棲居於人類內心的長屋，以便記住我們都是大家族的一份子，與視線之內的所有人同住。

我們的挑戰就是把昌盛重新定義為一種包容性的關係，這不只能讓我們免於實際生活中的困頓，也能讓我們的目光超越對匱乏的恐懼，好讓我們持續在彼此的福祉中扮演一個角色。我們不必拋棄已經擁有的，但必須推倒隔絕彼此的高牆。如同亞伯拉罕．赫歇爾所言：「存在比擁有更必要。我們處理事物，卻活在作為裡。」

奮力求取自身財富的執念，常常讓我們看不見自己跟他人的連結。

【帶著走的課題】

- 在日誌中描述連結的第一圈，也就是你的家庭。然後描述連結的第二圈，也就是你的朋友。接著描述連結的第三圈，以及自己對於接收他人經驗的開放程度。我們可以如何擴展自己的連結圈？
- 跟摯友或所愛之人對話，講述一個你對他人的匱乏視而不見的故事。

34 想要的地方

每次看見十大通緝犯的名單，我總不禁這麼想：英文的「被通緝」與「被需要」都是wanted這個字，我們若能早點讓這些人感覺到被需要，或許他們現在就不會被通緝了。

——埃迪·康托爾（Eddie Cantor）

作家喬治亞·赫爾德（Georgia Heard）曾問：「你的querencia何在？」西班牙語的querencia是指某個讓你感到安全的地方，你的性格會受這個地方所吸引，待在那裡就如同待在自己的家裡一樣。這個詞彙來自動詞quere，意思是渴望或想要。querencia，就是一個想要的地方。

對我來說，這個地方所擁有的並非滿足一些物質或表象的欲望——提供衣服、錢財或汽車——而是一個關係之處，一個想望之處，我能在裡面感受到靈魂呼吸的自然因子，並渴望歸返其中。如何找到這個關係之處？如何忠於這個供我們回去療傷、如同家一樣的地方？你上一次回那個地方是什麼時候？你是否還記得回去的路徑？

這個感覺起來像家的存在，它潛藏在所有的負累與喜樂底下，如果想要抵達，就必須做回自己，並且吸收萬物的生命力，敢於冒險讓那些生命力進駐其中。

這個我們都渴求的內在安全處所還有一個名字，那就是所有人生來就有的「本初存在」。我們就像鮭魚那樣自然而然想要歸返出生的地方。對鮭魚來說，出生的地方是一個實質的地點，但對我們而言，出生的地方是內在核心清楚認知的本初存在。為了在這個世界生存，我們不斷被塑造與重組，所以必須一再歸返本初的存在，才能更新自身的真實。

有一回造訪紐約，我經歷了一個歸返的瞬間。那天早早起床的我在布萊恩特公園與樹木們一起坐著，然後我哭了，不知道為什麼，那裡對我來說就是一個歸返之處。我也說不上來，但我突然想起曾在巴黎街道看到的光禿樹木，似乎總是朝著永恆傾身。在陽光的照耀下，在那個偉大城市中光禿的樹木讓我嗅到一種生來就有的本初存在，光禿纖細的枝幹渴望著陽光，體現了我們都熟悉的——朝著重要事物的光芒而去的動力。

話說回來，跟樹木一起坐在布萊恩特公園，讓我產生一種類似「反璞歸真」的感覺，喚醒了我趨向光芒的需求。我們讓生活中所有的殫精竭慮與問題解方把自己剝到赤裸，但只要朝著重要的東西而去，就能夠修補自身，讓我們足夠堅強也足夠溫柔，一路走到盡頭。

我們為了在這個世界生存而不斷被塑造與重組，所以必須一再歸返本初的存在，才能更新自身的真實。

【帶著走的課題】

- 在日誌中描述你那些看似物質表象的欲望——物質、時間、成就或經驗——然後討論一個位於你內心深處、想要的地方，一個讓你全然感覺自在的處所。這兩種型態的想望之間有何不同？
- 跟摯友或所愛之人對話，描述一個能讓你感受生來就有的本初存在和歸返之處。
- 如果可以，偕摯友或所愛之人回到那個讓你感受到本初存在的地方，一起坐在那裡，分享彼此的感覺。

35 恆久的開展

唯有在視野能創造整體的時候，一個人才能得到解放，享受真理之美，繞著宇宙之軸——也就是愛——漫步開走。

——E．E．卡明斯

在道家傳統之中，**自然**所指的是「萬事萬物的恆久開展」。這份對生命歷久不衰的擁抱，有如海洋般穩定而強大。然而，生存的張力時常造成阻礙，讓我們與這份偉大的開展失去了聯繫。所幸，那種如同海納百川的一體性，會無時無刻吸引著我們前往棲居，並融入深刻的感覺中，好讓我們順利經驗一體的事實，並強化我們與生命的連結。

我想這就是卡明斯在本章引言所要傳達的：唯有領會生命整體的能量，我們才能活出那種因為觸碰到萬物的愛，才能獲得的生命力。這種方式讓我們變得活躍，就像電流變壓器把能量送往到全國各角落，在認清自己的人生與生命整體的連結之後，我們就是靈性的變壓器，隨處散發著愛與生命力。

我們在本質上就是一根能量的導管。然而，因為分心於解決各種細瑣事務，我們往往忘了自身與能量最根本的連結。在所有問題之下，我們生來就同意讓生命的能量填滿自己，同時努力移除所有擋在我們與整體能量之間的障礙。當我們將自己敞開到足夠寬廣，這份連結的泉源就是一份強大的資源。

大多數時候，我們勉強地去選擇一條道路——某種方式、某種宗教、某套哲學、某條值得終生奉行的準則——以致於沒能給自己機會去感受那棲居於所有道路**之間**、讓生命連結的泉源。唯有藉由心靈與腦袋的敞開，我們才能看見萬事萬物的接合之處。

瞥見生命的整體性是深度練習的開始，透過這種練習，我們學著去**棲居於整體的生命之中**，進而感受住在萬事萬物之中的意義。在這些練習中，我特別努力去感受所有連結的交會。

真相是，生命不是累積，而是一種開啟。我們習於把永恆想成年年月月的連續體，一個開展完就接著下個開展，所以我們將「不朽」視為長生不死。但其實，只要徹底進入某個瞬間，我們就能經驗永恆。透過那個瞬間，所有曾經活過與未來將活的一切，都會帶著所有時間與空間進入我們的存在。以這種方式被永恆刷洗，改變了我們怎麼看、怎麼聽、怎麼感受，以及怎麼理解萬事萬物的關係。

永恆並不抽象。永恆是每份經驗中心的所有生命脈動。當我觸及這個倏忽即逝的神聖意識，我覺得自己有如一顆漂向心臟的紅血球，瞥見自己所處的整個肉身，感受到自己正被輸往全身的心臟。

健全的存在就仰賴這份意識。在這份意識中，我們憶起自己與本源、自我及彼此的關係。原住民傳統中總會有一個負責維繫部落記憶的長老，長老的任務是將整體部落的歷史保存下來。往往，這位長老會記錄下祖先們如何應對難關的故事、部落成員如何分崩離析，又如何再次結合起來的故事。

我們已經丟失了這種社群機能，一部分是因為我們在對痛苦與死亡的恐懼中，把長者的價值給邊緣化了。比起向長者學習，我們更傾向於將他們隔離、甚或擺脫他們。結果就是，我們對那些涉及整體人類的歷史產生了某種形態的集體失憶。在今日靈性旅程中最大的挑戰之一，就是修復這種集體記憶的能力。

有一個當務之急並顯而易見的解方，就是重新建立長者的榮耀與價值。其次，更為個人化的解方則是：每個人都必須成為自己的長者，讓那些能夠憶起整體性的儀式與練習，重新復甦起來。要發揮堅韌的精神，關鍵就在於這些得以修復整體性的知識與練習。

跟朋友相處能夠擴展我們對整體的感受。李奇就是這樣一位朋友。他帶著溫柔而無窮的好奇，認定萬事萬物都是相連的。

去年冬天我拜訪了李奇，在一段長久的靜默之後他突然開口：「真想知道是誰說出世界上第一個故事，又為什麼要說那個故事。」這話讓我不禁微笑。然後，他繼續靜默，就像一尾吸了一口空氣又潛回深處的魚。

當晚，我夢見一個史前山區，有個部族世世代代居住在那裡。族長的孫子不斷帶禮物回來孝敬祖父，以表達自己的愛。他獵捕到一頭山獅，把屍體帶回山區。他用獸骨製作了一把匕首，為族長雕上圖案。他甚至在山壁鑿刻出族長的樣貌。

當孫子想不出還有什麼東西可以拿來孝敬，族長說：「我感謝你帶來的所有東西，以及其中包含的心意。但是，你本人就是禮物。你用每一份善意證實了我們的血脈親緣，我相信這條血脈，我也相信你。」

醒來後，我有一種強烈的感覺，人生就只是一個故事，而每個人都有各自所屬的故事。我煮好咖啡，坐在晨光中的門廊下，感激自己得以觸碰那些跨越年歲的人類家庭。就像一個走失的孩子，長大後發現自己從來都不是個孤兒，愛終會磨去我們彼此互不相識的假象。

生命不是累積，而是開啟。

【帶著走的課題】

- 在日誌中敘述一個讓自己體認到生命不是累積而是開啟的故事。
- 原住民傳統中總會有一個長老，負責保存部落涉及整體的歷史。跟摯友或所愛之人對話，述說自身涉及整體的歷史。

36 四個小啟示

拯救我們的，正是打開世界的那些微小時刻。

——馬克・尼波

奧斯卡是個慷慨大方的好友。他父親的家族住瑞典，每隔兩年他定期回去探訪。上次回瑞典，他發現了一條有趣的法令：每個人都被允許在你家後院或你的土地上搭帳篷二十四小時，直到找到去路。詢問之下，他祖父這樣回答：「我不知道有這條法令耶，我們一直以來都是這樣，因為誰都不知道什麼時候輪到自己迷路啊。」以如此質樸的方式教導人們付出關懷，這種留給陌生人的光明是多麼美妙！

當奧斯卡向我轉述這件事，我望著他良善的雙眼，那一刻明白了他為什麼擁有如此開闊的胸襟。當意識為彼此設下界線，心靈就是活在界線之下的那片共有土地。

一九三四至一九三九年間，攝影師維許尼亞克（Roman Vishniac）為東歐猶太人的生活拍下了一萬六千張照片，試圖保存這個他擔心即將滅絕的文化。納粹在發現了維許尼亞克的作為之後，立刻進行追捕。雖然他們沒有抓到他，但確實摧毀了超過一萬四千張的攝影作品。

那些逃過一劫的照片中，有張攝於一九三八年的波蘭拘禁營茲邦中的照片，主角是當時才十一歲大的奈緹·史黛博。如同風中的花粉，這張照片連同維許尼亞克的其他作品四處流傳開來。這張照片拍攝後不久，奈緹得到紅十字會的救援，跟其他孩童一起被安全送到瑞典。

一九八三年，住在布朗克斯的奈緹已冠上夫姓成為奈緹·卡茲，當她在維許尼亞克的攝影集《消逝的世界》（*A Vanished World*）中看到當年那個飽受驚嚇的小女孩照片，她簡直不敢相信自己的眼睛。奈緹找到維許尼亞克，親自獻上感謝，她相信當年紅十字會就是因為那張照片，才會對她伸出援手。

❖ ❖ ❖

有一回，我的好友潘到勞氏賣場選購灑水器，接待她的店員是個非裔美籍的男子。在店員客套的問候之下，潘決定跟對方坦承自己的心情。她說自己因為世界上發生的事而感到悲痛，有那麼多的年輕黑人遭到警察無辜射殺，她自承，這些擁有白人膚色的人造成那麼多痛苦，讓她覺得羞恥。

那位訝異的店員聽完後告訴潘，他娶了一名白人女子為妻，他們還有個五歲的可愛兒子，他最後低聲說：「這是我現在最擔心的。」潘回答，她也有一個兒子，想到這兩個小孩未來的經歷將有多大不同，她就感到悲哀。

這兩個溫柔的靈魂就這樣站在家居賣場的走道，以他們唯一能做的方式談論生命，也就是透過孩子的眼睛。聊了一會兒，他們握手，再一次告訴對方自己的名字。告別幾步之後，潘轉過頭來想再說些什麼，卻又不知從何說起。於是，兩人相視而笑，繼續回到各自的生活。

❖ ❖ ❖

我妻子蘇珊的工作是教導四到六歲的小孩學陶藝。某天，小男孩比利身體不適，他停下手邊的勞作，站在教室中央不發一語。其他小孩很快察覺到異狀，幾分鐘之後，大家都圍繞在比利的身旁。他們貼得很近，表達自己的關心，彷彿可以透過靠近給予對方支持。

蘇珊照料比利時，沒有人逕自離開。於是蘇珊說：「比利，每個人都很關心你。你可以讓大家知道你有沒有好些嗎？」比利深吸口氣，點了點頭說：「我沒事了。」聽到這句話，大家才各自回到自己的陶土堆。

這個小故事有三點值得注意。第一，對於立刻在眾人面前表露自己的痛苦，比利沒有遲疑。第二點不言可喻：大家帶著關懷圍繞比利，將他撐起。第三，比利讓大家知道，群體的關心是必要的。整個過程是那麼溫柔、直率而單純。曾幾何時，我們在成長的過程中丟失了這些特質？我們又在什麼程度的受苦之中，重拾了這些特質？

❖ ❖ ❖

足夠敞開的時候，就很難分辨你究竟扛起了什麼，而我又放下了什麼。足夠敞開時，就很難去細究重擔何時紓解，而這些其實是誰的重擔。然而，無論如何，如果能感受到彼此的旅程，就能將我們帶到生命的邊界。

在那裡，我們呼吸的每一口氣都像第一次吸氣，也像最後一次呼氣。在那裡，我們遇到什麼，就去愛什麼，彷彿眼前的陌生人就是自己的愛人。一旦愛得深刻，我們就願意付出自己的全部，彷彿生來就是不求回報地投入修復這個世界，就像修補骨骼的無名細胞。

當意識設立邊界，心靈活在底層。

【帶著走的課題】

- 在日誌中敘述一個改變你人生的簡單善行。
- 跟摯友或所愛之人對話，講述某個你曾經見證或是參與敞開世界的一刻。

37 關懷圈

國人很喜歡談論財政赤字，但我認為，我們更該討論的是同理心的赤字，也就是一種設身處地的能力，以及透過他者眼光觀看世界的能力……因為我們活在一個不鼓勵同理心的文化裡。這個文化告訴我們，人生的目標就是變得富裕、纖瘦、年輕、知名、安全，還有快樂。這個文化的當權者往往鼓勵那些自私的衝動……我希望你們別把那些話聽進去，我希望你們選擇擴張，而非縮小自己的關懷圈。

——巴拉克．歐巴馬（Barack Obama）

要修補這個世界，不一定代表修築牆壁，反而往往代表的是拆除牆壁。當你走過某座城市，任何城市，想像所有牆壁都消失的景象。突然間，社會成了一個開放市集。此刻，你可以看見每一個人。此刻，你很難維持孤獨的假象。此刻，你感受到「社群感」。我不是建議你要拆掉所有牆壁，畢竟牆壁有其存在的必要，例如遮蔽、安全、維護隱私，之類的。

我的建議是，為了社群的健康，我們有時可以想像一種沒有圍牆的生活。如同一道X光，我們可以每年檢查這個社會上什麼東西破碎了，什麼東西阻塞了，又有什麼不健康的東西在生長……透過這樣的檢查獲益。

至少，我們可以在沒有阻礙的狀況下看見彼此，並且記得在開闊之地一同居住是可能的。我們也許會記得，把牆壁高築起來的正是我們自己，是我們選擇把牆壁設置在那裡。每年一次，檢視自己的生活方式，分辨哪些牆壁不可或缺，而哪些牆壁又應該拆除，這會帶來不少幫助。

若要說強制拆除所有的牆壁，共產主義算是一次失敗的實驗。當然，極端的資本主義罔顧了周遭人們的需求，創造了比所需更多的牆壁，這也說明了它跟共產主義一樣有缺陷，只是不同的缺陷罷了。

災難往往會將我們周圍的牆壁推倒，當我們清楚看見他人處於困境，人類的天性就是以最微小、卻最深切的方式，優雅而快速地伸出援手。

二〇一二年十月，珊迪颶風摧毀了東岸多處，我那住在紐約西村的好友卡蘿與她女兒麗娜把自家的公寓門打開，因為鄰里間只有他們的家用電話還能運作。卡蘿雲淡風輕地說，「我們在門外裝設了一個鈴鐺（可想而知原本的電鈴壞了），好讓鄰居們輪流進來打電話給親戚朋友。而且我們還有卡式爐，可以提供熱茶與咖啡。」

有時候，最赤裸的時刻需要的是最柔軟簡單的表示：打開一扇門，提供一張椅子、一杯咖啡、一條毛毯，或為對方揉一揉疲憊的肩膀。在誠實無偽的關懷之中，即便最微小的努力都能讓生命的韌性變得更強。

最會阻礙我們行善的陰險之壁，就是把我們變成一堵旁觀者的透明之牆。往往，我們會旁觀他人受苦，是因為他人的苦痛與我們所經歷的太過相似。或者，在我們自身安好無虞時，我們擔心一旦打開心門接納別人的苦痛，就會減損自身的滿足感。然而，牆壁的拆除，正是同情心運作的方式。

對同情心的考驗，就是如何在苦難之外莊重地看待他人的苦難。因為，當我們享受到滿足與祥和，有人正為了活命而搏鬥；當我們因為痛苦與損失而掙扎，也有人正在愛河裡享樂。我們的任務是越過悲喜的牆壁去看待生命的全貌，因為一切都同時為真，只有開闊的心胸，才能讓這些玄秘在我們體內融合，進而化為一種更深刻、更重要的智慧。

然而，以細膩的同理心接納一切，並不能消滅我們對公平正義或社會修復的需求，也不會減損每個人在旅程不同階段所感受到的哀樂。儘管如此，為他人的困境打開胸懷，還是很重要。要找到我們與萬事萬物的親緣，這是第一步，這些無名的關懷，讓我們準備好在人類家族取回一席之地。

今日，你可能有幸享有溫暖的床褥與充足的食物，到了明天，你就可能需要陌生人的善心。生命不停輪轉：有時倒下，有時站起；有時擁有超過所需的東西，有時需要更多東西才能撐得過去，在整個過程中，我們共同承受同樣的飢餓，也消解同樣的乾渴。

當牆壁倒下，當我們敞開心靈，惻隱心的修習就是同情那些跟我們有所共鳴的人：心碎對上心碎，失去對上失去，病痛對上病痛。但這只是開始，只是惻隱心的練習場，一旦踏入惻隱心的真正場域，我們的挑戰就是同情那些自身經驗之外的苦難。

我們把心交付給他們，單純因為知道他們正在受苦，不把他們的苦痛與自己的比較，也不讓惻隱心受限於反映自身的苦難。正是透過這種更深度的惻隱之心，我們才能超越個人經驗——透過愛他人——而成長。

每個人都有屬於自己的神妙時刻，當牆壁倒下而同情升起，這些時刻在日常的糾結之中靜候，一旦有人停下腳步看見我們，向我們吐露真相，一旦有人足夠愛我們，願在苦痛中擁抱我們，那麼，我相信踏入這些時刻的人們都會產生一種結盟關係，準備好一路彼此協助。對生命坦誠，將我們置於開放的狀態，而對彼此的惻隱，則讓我們結為盟友。

每個人都曾築起牆壁，每個人都訝異於讓我們拆除牆壁的那些災禍，每個人都實踐著同情心的修行。我們全都圍繞著牆壁、災禍、心靈的敞開，以及親緣的發現而前行。誰都不是你，但同情讓我們如同水彩那般交融在一起。

牆壁的拆除，正是同情心運作的方式。

【帶著走的課題】

- 在日誌中敘述你曾如何同情自身經驗之外的某人？是什麼讓你以這樣的方式敞開心靈？
- 跟摯友或所愛之人對話，描述生命中讓你拆除一道牆壁的災禍，你如何因此改變，又如何因此與他人的困境產生共鳴。

38 划行、拉起、行走、背負

薩克其萬大學的副教授艾利克絲．威爾森來自奧帕斯卡瓦克原住民自治區，那是住在加拿大北部的第一民族部族。幾百年來，她的部族居住在由許多河川交會連結的薩克其萬三角洲，她說，棲居於萬事萬物連結之處，是他們部族傳統的核心精神：

> 確切說來，我的家族來自一個叫做Pamuskatapan的地方，這個地名的意思是無法行船的乾地。在這片地帶，必須下船把獨木舟拉到下一條河，才能繼續前進。我們家族的名字譯成英文是Wassenas，意指「發自內在的光」，所以我們的血脈中存在著一種理解：我們的旅程與光相關，又或者說，與光相連。

內在之光與拉舟前行提供了一個實用的隱喻：每個人內在的光，也就是靈魂，一直渴望歸返這個由河流交織而構成生命的宏大之網。本質上，這麼做會牽涉到讓內在之光引導我們盡可能把獨木舟划到最遠，直到不得不下船，以手拉著小舟前行，然後找到並進入下一條河，再繼續往前。

划行、拉起、行走、背負，直到能夠再次划行，這些動作描述了駐守在肉身中的靈魂在這世間展開的旅程，它橫跨並定義了我們得以棲居的所有連結。划行、拉起、行走、背負，最後只是再次進入河流——這是個體化的道路，也是**靈性開展的道路，皆受內在之光所指引**。

要盡可能棲居於更多的生命連結，必須付出全心全意。我們毫無保留的邊走邊學，獎賞就是得以經驗萬事萬物的一體性。當我們全面處在倘流於所有東西之下的生命力，這就是划行的方式。

儘管我們的技巧多麼嫻熟，腦袋就只是一根導管。縱使我們因為所知淵博而驕傲自滿，其實腦袋中並沒有容納任何東西。當我們把腦袋想成一個容器，就會不禁奮力將之填滿，或者防止氾濫。我們總是辛苦追蹤腦袋所能容納的一切，把自己想像為腦袋容納之物的守護者，然而，當我們接受腦袋頂多只能映照生命之流，就能夠被流過我們的一切所觸動，並以身為生命的乘客而感到謙卑感恩。我們就是這樣拉著自己，沿著生命之流前行。

然後，當我們勇敢到足以讓眼前的東西進駐內心，生命的浩瀚就會讓智識耳目一新。在那樣的時刻，**我們承載著必要的一切**，誠如道元禪師所說，我們就像一片葉子，上面有一顆露珠，露珠裡映照著整個宇宙，所有的生命都反映在那一顆水滴裡。

每次醒來，我們都像那顆水滴般清澈。可以說，喜悅的感受就是化身為一顆被光照耀的清澈水珠，而在被光照耀而且清澈的時刻，我們的所知即是真理。我們就是如此行走、反映，並帶著精神穿越這個世界。

我們反覆尋求連結一切的方法，如同Pamuskatapan部族的成員划行、拉起、行走，然後背負獨木舟到下一條相連的河流。在這樣的時刻，我們是進行著靈魂搬運的工作，把生命的獨木舟從一條河流運送到下一條河流，越過這其間的沼澤或林地。生命就是這樣開展的。地底的河流全都彼此相連，但活在地表的我們要盡可能划行到最遠，然後拉起生命，將之背負到下一個小岸。我們持續前行，沒有真正的目的地，只有串連起所有河流的渴望。

划行、拉起、行走、背負，橫跨並定義了我們得以棲居的所有連結。

【帶著走的課題】

- 在日誌中敘述你所經歷過的一次靈魂搬運，向前划行的你是如何遇上意料之外的河岸？你如何設法下船，拉起獨木舟，抵達下一條河？

39 在場與缺席

生命如風中燈火那般可危。

——龍樹（Nāgārjuna，佛教僧侶）

我每年都會來到這幢冬季小屋。在屋裡的我坐在同樣的窗前，等待同樣的樹木在那些沒人看見的時刻輕輕擺動，彷彿今年的我會看得更清楚，也聽得更清楚。正是在這樣熟悉的靜默中，我領悟到生命中唯一能夠掌控的，就是自己的在場與缺席。

我們可以現身，也可以躲藏。我們可以伸出手，也可以別過頭。我們可以向前傾，也可以往後退。我們可以把房子打開，好讓微風帶來清新，也可以將自己蜷縮在成見的柵欄背後，躲藏起來。

縱使我們必須考量風險並且守護所愛，但保護自己唯一的方法，就是全面在場，好以根本的存在迎接這個世界。自然界的元素，就是這樣治癒了這個世界：光會孵化，水會灌溉，風會飄升，地會發芽，而這些元素的在場，會叮囑它所觸及的一切。我之所以回到這幢小屋，正是為了再一次被這份在場包圍。

走在雪地，我回首看著小屋，發現自己在受傷時總會選擇撤離。然而，十之八九，我會在那樣的撤離之後躲起來，而非重新安置自己。其實，受到錯誤的對待之後，我不需要隱藏或是模糊自身，只需要減少接觸那些傷害我的人就好。

雪花輕柔覆蓋著我的臉，我了解到無論面對什麼，真正的挑戰並非隱藏起來，而是打開被我們稱為「存在」的房子。因為唯有打開與在場的狀態，才能讓我們被那種用來支撐一切的神聖給填滿。因為在場的狀態會吸引在場的狀態，如同水自然會流向水。

太陽即將下山，我回到小屋生火，好幾個小時靜靜的聆聽。在沒有生活雜音的干擾下，我感受到體內某個東西想對萬事萬物進行朝聖，彷彿彼方永遠都有更多的東西值得追求。因為我們每個人自身的限制，所以永遠都有你我觸不到的真理。因為無法一直憋氣，所以永遠都有對更多空氣的需求。因為不能一直醒著，所以永遠都有更多黑暗必須度過。因為把手放在生命之火上方始終撐不了太久，所以永遠都有更多的燒灼需要忍受。

但在這裡的靜止中，一切似乎簡單多了。而那份一直在場的簡單，邀請我們歸返。至於歸返何處並不重要，因為哪裡都能找到它：在登上小山頂的途中，在被風吹彎的石楠叢間，或在熟悉海岸旁的閃爍波光裡。

屋裡的火需要更多柴薪，於是我丟了一根進去，看著它旺盛燃燒。在沒有塵囂喧擾中，所有位居事物核心的「在場感」油然而生。我感受到自己正在填滿自己。這讓我領悟：要讓肌肉強壯，就試著舉起瀕臨負重極限的重量。同理，要讓心靈強壯，就得用心靈扛起承受能力邊緣的事情。當我睡去，屋裡的火慢慢化為餘燼。

早晨，太陽從夜晚疲憊的肩頭升起，照射在樹林間，為樹梢輪廓鍍上一層金色的絲絨。陽光沒有灑進鄰居的小屋，還沒有。我的鄰居還在沈睡，跟四十分鐘前的我一樣。這就是在場的節奏：活著的完滿總會不知不覺從黑暗的肩頭升起，這就是鼓勵我們往前的東西：相信黑暗之外總有光明，痛楚之外總有平靜，總有一條夢之河，朝著我們淌流。

我坐上車，重新回到所屬的部落。剛抵達城市，我就把車停下，漫步了幾個街區。我走進一條多年來熟悉的街道，坐在板凳上接受所有迎面而來的生命，完全不試圖去命名、評斷、拯救，或是排斥。

我讓路上遇到的遊民提醒我自身的脆弱，我讓尋覓食物的鳥兒觸碰我自身的飢餓。我讓快要降雨的烏雲觸碰我自身的陰霾。我看著一名盲婦以仗擊打前路，感受到自己拒絕觀看的那個部分。鐵板凳上的陽光溫暖著我內心需要光明的部分。我起身前往下一條街，開始重新觸碰這個世界。我想，感覺到自己在場的我，有能力把溫暖帶給那些需要溫暖的人。

唯有打開與在場的狀態，才能讓我們被那用來支撐一切的神聖給填滿。

【帶著走的課題】

- 在日誌中描述你在單純與複雜之間的掙扎。複雜為什麼吸引你，而單純又為什麼吸引你？
- 有機會的時候，在自家附近街道漫步個至少三十分鐘。不要想著任何目的地，只要注意與迎面而來的生命互相碰撞。之後，跟摯友或所愛之人對話，描述自己的所見所聞，以及那些景象如何觸碰了你。專注於一個在途中遇到的小導師，以及它對你訴說了什麼。

第四部

幫助彼此保持醒覺

讓萬事萬物免於崩解的，是編織於殘酷風暴中那一縷關愛的絲線。摯愛親人的照片歷經了戰火，終於在三十年後送到孫子手上。沒被沖走的種子落地生根，以蘭花之姿來到世上，它的美麗讓一個小女孩立志成為畫家。二十五年前相遇的記憶，讓今早凝望著你睡容的我，情不自禁。這些無所不在的絲線，交織成一個看不見的連結之網，為我們灌注了韌性，讓我們能在被迫或被愛的時候，透過生命的禮物找到自己的路。

如今，我不得不以你的眼睛觀看……於是我不是孤獨的，你也不是。

——揚尼斯．里佐斯（Yannis Ritos）

為別人製作珍寶的同時，我也重新發現自己的珍寶。

——瑪格．麥葛拉芙琳（Margo McLoughlin）

教育家莎莉．黑爾（Sally Hare）提醒我們：

我們在生命之初，都與另一個人類的身體連接在一起。就算離開子宮進入這個世界，我們跟母親之間仍有一條無形的臍帶相連著，而這條臍帶提供了生存所需的一切。剪斷臍帶的動作確實迫使我們踏上個體與群體長達一生的旅程。我們初來乍到時是與人連接的，然後立刻進入分離與依附及放手與緊抓的循環，那標示著人類生活的四季更迭。從呼吸的第一口氣開始，我們就擔任了個體與群體的矛盾角色。

考量到這種永恆的動能，二十一世紀的根本挑戰，就是藉由做自己並且留在關係中，去幫助彼此保持醒覺。為了做到這件事，每個靈性傳統都不可或缺。如同太陽讓所有植物生長，無以名狀的聖靈也讓各種型態的信仰進入這個世界。如同必須具備所有的植物，才能完成自然的生命輪迴，歷史上也要具備所有型態的信仰，才能完成人類的生命輪迴。

為了人類物種的延續，我們必須相信，有許多道路可以讓我們通往意義與恩典。世間的騷亂與和平，取決於我們對於不熟悉的東西是抗拒、驅逐，還是待之如導師。所以，信仰的本質並不限於我們選擇相信什麼，而關係到如何在透過關係所顯現的多元生命之間學習。

藉由過好自己的人生與完成自己的本分，我們讓這個宇宙免於分崩離析。與愛人一起爬到令他們苦難的山巔，將會讓我們的批判變得柔軟，並讓我們認識喜樂。在一道穿越痛苦與歡愉的攀爬中，我們會抵達一個供所有型態的真理安歇的永恆之地。

這一部分的章節論及一個道理：當多餘的一切都因為愛而不再成為阻礙，愛與苦難是如何把我們帶往那個被所有人當作「家鄉」的永恆之地。

40 日以繼夜

英雄就是中心不移之人。

——愛默生（Ralph Waldo Emerson）

真理往往在睡眠中跟我說話。也許是因為在疲憊時，我才終於得以漂到糾結的經驗底下，漂到思慮的雜訊底下，甚至漂到心靈的渴求之下。所以，某些日子裡，我會帶著強烈的影像在一大早醒來，彷彿宇宙的浮光掠影貼身而過，並讓隨之而來的生命之風將我喚醒。轉醒的同時，我伸手試圖觸摸所見，時而形成一種關於生命本質的隱喻。

今天，那種扣人心弦的影像是這樣的：我漂浮在外太空，看著地球以略為傾斜的地軸自轉，同時循著軌道繞著太陽公轉。地球似乎讓我見證了它與時間的盟約。漂浮在無重力的藍色之中，我可以看見地球朝著自身轉動，接著又朝著太陽轉動，它從來不與自身的中心失去接觸。

正是這種朝著自身與眾光之源的轉動，讓生命變得可能。先朝向看似黑暗的未知轉動，接著朝向光明轉動，正因有這樣的過程，白日才得以跟隨著夜晚而來。讓白天跟著夜晚，地球才能持守繞行太陽的命運。朝向自己轉動，接著朝向光明轉動，從來不會跟自身的中心點失去接觸，也正因如此，生命對我們來說，才能成為可能。

我就這麼漂浮著，沒有入睡，卻也不算清醒，但足以了解地球承載自身的努力是多麼宏大且恆久。如同阿特拉斯必須永遠把世界扛在肩上，如同普羅米修斯日復一日忍受肝臟被鷹所食又不斷再生，如同納希瑟斯在解脫前，受到自己的倒影所催眠——我可以了解，地球在轉動的同時，也背負著所有的生命，就像我們在轉動的同時，也負載著自身的重量。

現在我醒來了，地球顯然體現了內在與外在生命之間的必要平衡。過日子的時候，我們跟地球一樣轉動著遠離光明，然後又轉動著靠近光明，轉動著進入自己，又轉動著進入世界。我們在轉動中度過各種氣候，以自身的中心為軸，那是靈魂，也是堅定不移的部分。我們帶著「存在」往內轉動，又帶著「成為」往外轉動，正是透過這種將自身撐起旋轉的繞軸運動，我們得以扛住自己的重量，承受自己的苦痛，並且打破自己的倒影。

對今天的我來說，這代表我必須在靜默之中接納一切：我必須看著小鳥啄碎覆蓋在食物表層的薄冰，必須傾聽受傷的陌生人向不感興趣的收銀員訴說著她的故事。我必須朝著沉默轉動，讓事物的真理再度被知曉。我需要修復自己在施與受之間的平衡，因為兩者相交的安歇之處，充滿了打開生命的玄奧。

在內在生活與世俗生活的呼喚之間，我必須像地球一樣在平衡中轉動。努力滿足兩者的生活，就是一股讓世界持續運轉的動力。

我們帶著「存在」往內轉動，又帶著「成為」往外轉動。而正是透過這種將自身撐起的繞軸轉動，我們得以扛住自己的重量，承受自己的苦痛，並且打破自己的倒影。

【帶著走的課題】

- 在日誌中描述你最近精神上達到的平衡狀態。現在何者佔據你比較多的關注：向著內在轉動，還是朝著外在世界轉動？你是太遠離自身中心的內在之火，還是太遠離眾光之源？現在的你該做些什麼來修復精神上的平衡：多去施予還是多接受？
- 跟摯友或所愛之人對話，描述幾個你覺得過於偏向內在世界的熟人。你認為他們的優勢與困境為何？接著描述幾個你覺得過於偏向外在世界的熟人。你認為他們的優勢與困境為何？有哪些特質也適用於你？

41 每一次重新開始

靈魂只想飛
至於是誰飛
她只有稍縱即逝的興趣

——佚名

前陣子，我站在羅丹的《青銅時代》這尊作品前。這二十年來，我大概親眼欣賞了八次，這尊雕塑實在過於寫實，一八七七年在巴黎沙龍展出時，羅丹甚至被指控是以真人鋪上石膏才製作出來這件作品。雕像的眼皮緊閉著，嘴唇微啟，他的右手放在頭上，另一隻手剛剛鬆開，眼皮下的雙眼正待探看。這個即將出脫的靈魂總能喚醒我體內某些感覺。這些感覺似乎在生活的磨難中睡去，卻未曾離開。

不知怎地，這尊雕像揭露了巨大掙扎之後憶起自身的靈魂容貌。這個人像不過是塊青銅，由某個早已過世的人的身型雕塑燒成，但跟所有偉大的藝術與真理一樣，這尊雕像是一面意料之外的鏡子，映照出我們隨身攜帶、卻又深深嚮往的壯美。我們沒有察覺的是，這份壯美其實一直活在我們體內。

再次被喚醒之前，生活的艱辛可能讓我們忘記自己為什麼存在。當瞳孔終日收縮、擴張，生活的糾結瓦解了我們對於「何謂珍貴」的意識，或許一段時間之後，我們會再度憶起。這份意識的消滅與擴張，是一種日以繼夜的內在形式，而任何事情都可以讓這份意識產生崩毀，如痛楚、憂慮、恐懼、疾病、對所愛之人的過度認同、忽然煙消雲散的目標，或者是自身價值的失落。

跌出第一段婚姻之後，我踉蹌著想起自己是誰。抗癌過程在鬼門關前走一遭之後，我想起出生的感覺。工作十六年然後失業，我想起那種只用自己的名字與世界接觸的感覺。

每一次的重新開始，我都在震撼中記起一個道理：我們原本的樣子早已足夠，隨時準備好要爆發旺盛的生命力。如同羅丹的《青銅時代》，每個人都是美好的靈魂，尋覓著一次又一次活過來的方式。靈魂持續透過生活中的縫隙不斷湧入，直到我們記起自己與所有生命是如此緊密相連。

然而，縱使往前走是一個絕對正確的選擇，但總有一部分的我渴求著過往的身分與生活，不管那是光彩奪目，還是糟糕透頂。哀悼和悲嘆在所難免，但問題還是一樣：我們是為了什麼哀悼，又害怕放棄掉什麼？

歷經難關與糾葛，我們一直處在擴張與收縮的循環。我們累積並棲居於某個自我，結果只是使它幾乎滿溢而出。於是，沒有空間成長的狀況下，我們被要求清空自我，以便接收更多的經驗。這種積聚與清空的進程，讓我們得以把所學融入一種更為根本的自我感。每一次靈魂憶起自己，就會發生這種清空所帶來的成長。

削減，然後反璞歸真，是個不容易領會的過程，因為我們所處的文化心心念念都是自我價值的擴張，也就是說，我們的文化執著於將自我放大，卻從不鼓勵清空自我。但是，我們必須清空，才能接收新的知識。

自我的價值並非來自它所包含的東西，而是來自那些穿過它的東西，如同樹木或旗幟會因為穿過它們的風而活過來。倘若無論如何都得自給自足，我們會變得思想狹隘而且極其失衡，如此一來，難免會讓自己有如氣球一般膨脹。一旦膨脹到緊繃的狀態，我們會害怕所有靠近自己的東西，擔心即使是最輕微的接觸，也會把我們的世界給刺破。

這些張力在在形塑了我們的矛盾。當我們深掘地底，就看不見地面；當我們低頭播種，就看不見收成；當我們餵養飢餓，就看不見食糧；當我們建立下一步，就看不見夢想；當我們貼近觀察，就看不見周遭；當我們專注於自己，就看不見他人；當我們過著非常個人的生活，就看不見穿過眾魂之靈的力與美。

我們的目的並非在靠近的跟遙遠的目標之間做出抉擇，而是讓世界之光穿過人性而閃耀。儘管習性與恐懼一直都在，但下一絲生命力將會因為徹底沉浸於當下而成形，有如浸入湖中的杯子，瞬間被水填滿。

活在當下，就有如受經驗摧折、而把生活之杯浸入了生命之水，這會填滿並喚醒我們——這是我每次被迫重新開始都經歷到的洗禮。而每次靈魂憶起自己，我也會被提醒：此生就是我們僅有一次的人生，縱使可能在頃刻間消殞，但當生命流過自己的瞬間，就已經令人心滿意足。

所以，當你因為明日的方向而感到壓力，請記得，無論有多大的機會等在前方，其實都不會把你帶到別處，它只會為你開啟當下的所處之地。靈魂的顯露取決於經驗如何流過我們，而不是任由經驗將我們帶往何方。

這些玄妙的覺醒讓我們回歸自己。每次在忘記之後再度想起，我們都會愛上靈魂開啟的這些恩典，猶如花朵愛著開花的莖頂。每當靈魂憶起自己，無論我們走得多遠，精神都會再度綻放。如同那些多年生的植物，經歷了開花、枯萎、死亡、化為塵土，然後又播種，發芽，再次綻放……靈魂也是一種多年生植物，透過我們給予的諸多機會，不斷不斷地破土而出。

每一次靈魂憶起自己，就會發生這種透過清空所帶來的成長。

【帶著走的課題】

- 在日誌中描述那些直接對你的靈魂說話的音樂、藝術或詩歌。這些東西觸碰到你內在的什麼？用那部分的靈魂在日誌中跟自己對話。
- 跟摯友或所愛之人對話，講述某一個讓你產生巨大改變的時刻。在那個時刻，是否曾有人或某些事情勸你不要繼續往前？那個人或事是如何表現的？而你又是如何回應？

42

有限

有限：有所限制或處於設立界線的狀態。

我花了超過六十年的時光，才開始停止試圖搞清楚別人想要什麼。現在我要努力的是，不要害怕不給別人他們所想要的。現在，我試圖吸納從每個人身上散發出的光，那道光宛若真理。現在，我試圖讓光穿過自己，這道人與人之間散發出的光，宛若愛。

思索這些課題時，我碰巧讀到海德格（Martin Heidegger）的見解，他說要帶著關懷棲居於潛藏在所有事物之下的「存在」。我很贊同這個觀點，卻發現他支持希特勒，而且以校長身分在弗萊堡大學施行亞利安法令。他曾發送熱切的電報給希特勒，在大學校長的就職演說上，更大張旗鼓地行了三次納粹禮。

此刻，他是不是表現出別人想要的東西，似乎已經無關緊要。還是說，他只需要具備一種「良知基因」？海德格的學生兼情人漢娜·鄂蘭（Hannah Arendt）是猶太人，然而她卻在戰後的聽證會上為他作證。

該怎麼面對這種矛盾？某一處的鬱金香被溫暖陽光照耀的同時，某一處的血肉之軀正遭到焚燒，這樣的極端已經令人難以接受，況且還發生在同一個人身上，那麼靈魂怎麼能夠不爆裂？所幸，實用主義教導我們：取自己所需的部分，剩餘的就由它去！因此，何不只信仰海德格的哲思，而推開他的為人呢？我試著接納我們在歷史上對彼此的所作所為，試著吞食所見的一切，然後把一件事回歸原點。

往往，我們的所知與所為是朝著不同的方向進行，這種偏離或撕扯的程度，將決定我們是否會許下無法兌現的承諾，是否會無法堅守道德生活，或者更糟的是，我們會不會對自己和彼此撒謊。

我活得夠久，上述三種情況都見識過。我記得起初如何受到那些我視之為「大師」的作家與老師們所感動，對他們心存敬畏。我記得遇見某個人，他的作品讓我對善良有了更深的理解，然而，當我發現他本人竟然如此不良善，我是多麼心灰意冷！我曾動身去向某個精通「接受之道」的人求道，卻發現她完全不懂得寬容。當我剛開始展開教學生涯，曾經和一位知名的正念專家共享課程時間，我記得他所用的時間超出了規定的整整一小時——當然，他是在教正念！

一開始，我認為他們虛偽！但在歷盡人事而懂得謙卑之後，我不那麼確定了。如今，遇上這種表裡不一，我會納悶某些老師是不是只是碰巧未能拿出他們最好的一面？有些人可能我們一樣，是個有缺陷的朝聖者，他們的確找到了值得追尋的東西，卻只能偶爾觸及。當然，有些人就真的是虛偽了，他們帶著堅定的信念宣揚某種存在方式，同時自己卻放棄了以那種方式過活，尤有甚者，他們擅長說一套做一套。

儘管如此，去搞清楚像海德格這樣的人，究竟是未能拿出自己最好的一面，還是迷失了生而為人的方向，似乎還是挺重要的。是不是真如海德格的信徒所言，他之所以奉行納粹，只是為了弗萊堡大學的存續？他是否跟伽利略一樣，為了自身的安危，被迫放棄所知的真理？

令人悲傷的是，有充分證據顯示他在大學裡積極譴責並貶斥猶太裔的教職員。被大學辭退之後，他維持著納粹黨員的身分直到大戰結束，這也是不爭的事實。法理亞斯（Victor Farias）的《海德格與納粹主義》出版之後，沒有人否認海德格的確支持希特勒與納粹政策，然而，哲學家們仍不認為海德格的私人作為應該影響到他在哲思方面的貢獻。

這是個不得不面對的兩難：我們的生活方式，是讓我們的知識理念得以發揮效用，或是任由這些理念作廢？一個人的行為未臻完美、卻試圖遵循道德，或是當一個殘酷的偽善者，哪一種比較好？我相信，在關係的試煉中研究這個問題，有助於釐清什麼值得追求，而什麼又在暗中破壞。

我們透過對待彼此的方式學到了什麼？如果海德格對他人如此殘忍，我是否能在他的作品中覓得任何有意義的東西？假如我只知道他在威迫之下的行事，而未曾讀過他筆下的文字，那麼他留給後世遺產又會是什麼？他的生平遭遇教導了我哪些關於存在或時間的事？

我們充其量只是智慧的載體，有時能讓所承載的智慧成長，有時候則承受著負擔，這開啟了另一個迫切的問題：如何從自己的所知得到力量？有時，把照亮前路的火炬舉得太近，很可能令我們目盲，甚至將我們灼傷。許多人都被迫見識到更高尚的標準，卻永遠無法達標，於是與自己的追求之間總有一步之遙，然而「節操」的意義就在於讓身分與作為合一，即便我們永遠達不到完美的節操，如同永遠達不到完整的呼吸。

我的好友帕克（Parker Palmer）把可能與真實之間那種無可轉圜的差異，視為一種應該挺過的東西，而非應該極力避免或補救之事。說得更清楚些，帕克說的不是海德格所展現的那種虛偽而解離的分歧，而是靈魂無可迴避的追求態度，以及人類不完美的目標。他認為挺過夢想與經驗之間的掙扎，就是靈性修行的敲門磚。帕克把這種真實的努力狀態形容為「**站在悲劇的鴻溝**

之中」：

我主張，最佳的領導方式與公民作為，就來自於如何教育人們刻意站在悲劇的鴻溝裡——不被現實與可能之間的張力拉扯到任何一端。太偏向「現實」端，我們就會變成漠不關心的憤世嫉俗者；而太偏向「可能」，我們就會變成不著邊際的理想主義者。

如果說，我們試圖迴避、卻無從逃離的課題，不是要往哪裡去——不用走得更遠，也不用爬得更高——而是致力於消滅身分與作為之間的差距，那是什麼樣的情況？如果說，最艱難也最必要的任務，就是讓我們所知的一切激發我們的關懷心，直到我們能把夢想如蜂蜜靈藥般倒入所有的裂縫與破損，那又會如何？

節操的意義，在於讓身分與作為合一，縱使我們永遠達不到完美的節操，如同永遠達不到完整的呼吸。

【帶著走的課題】

- 在日誌中描述一個因為高尚的節操而令你崇敬的人。接著，描述一個空有智識，卻無法知行合一的人。最後，描述一個讓你感覺到表裡不一的人。想一想，為什麼第一個人值得欽佩，第二個人本意良善，而第三個人虛偽造作？這些人有何共通之處？這些人的差別何在？
- 跟摯友或所愛之人對話，討論你的節操標準，分享全然知行合一的經驗。接著分享本意良善、卻無法依照所知行事的經驗。最後，分享你個人虛偽造作的經驗。試著敘述分別是哪些處境引導你做出三種不同的選擇。

43 甜美的老師

我在多年前遇見厄尼與凱西，這一對敏感的靈魂住在英屬哥倫比亞溫哥華島的維多利亞。幾年前，他們的生活陷入艱難，那時，因為罹患了無法動手術的腦部腫瘤，讓厄尼的光變得更加純粹而赤裸。凱西待在他的身旁，愛著他那強烈的藍色火焰。

他們選擇公開這部分的生活，他們明白就像火焰需要氧氣，無論你被迫面對什麼，你的心靈也需要關係所帶來的開放空氣，才能繼續存活。兩個人的心態都令我激賞。

厄尼過世前，推薦了一本動人的智慧之書給我，那是霍布里特兒所寫的《一萬種喜悅與一萬種哀愁》（*Ten Thousand Joys and Ten Thoudand Sorrows*）。這本書記敘了作者奧莉薇雅的丈夫的最後歲月，以及他們與他的阿茲海默症共處的旅程。書中有個章節是「減滅的恩典」。

恩典來自減滅，這個概念是很難理解的智慧之門。因為我們面對的「減滅」擁有自己的生命，可能很黑暗，甚至令人伸手不見五指。我從自己的旅程中學到，限制縱然讓人難以接受，但確實會帶來一種安靜的自由。手術之後動彈不得的我被迫觀看視野一寸之內所有的生命，失去聽覺的我被迫以寂靜為師。無法跟行將就木的父親相伴的我，被迫在每個人的良善之中找到他。

厄尼分享了遛狗當下的「減滅時刻」所帶來的恩典：

今天早上例行外出之後，我們再次爬上了八層樓（沒錯，電梯壞了）。隨著一天天過去，對於較老的那隻狗（快十四歲的萊利）來說，爬樓梯越來越難了。我會在每一層樓停步，跟較年輕的那隻狗（七歲的基波）一起坐下來等待。萊利從樓下往上看……而基波躺下，頭向下看著牠的哥哥。萊利緩慢而優雅地往上爬，等他爬上我們這層樓，基波會抬起頭，然後兩犬對視，觸碰彼此，一起站起來，然後，我們繼續上樓梯。

這不就是我們的生命終於敞開之後所遇見的景況？向上攀爬，一次爬一點，沿途等候著彼此？這不就是我們所希冀的一切——對視、觸碰、一起站起來，然後再次前行？

我們的狗米拉十二歲半時也很習慣這種緩慢的攀爬，每一步都溫柔而令人心碎。九十三歲的父親臥病在床時，他的手臂在我的掌中像根纖細的樹枝，當他從永恆的邊緣凝視我的眼睛，他尋思著為何一切看起來如此柔軟。

今天的雨很好，穩定的薄霧讓我們可以繼續前行，這一切都是意料之外的福分。正在閱讀此書的你也是，儘管你可能沒有察覺。所以，當風沙吹進我的眼中，請等候我。當柳樹的影子裡有什麼東西動搖了你的心念，讓你想起那些一去不復返的時光，我也會等候著你。

敞開心靈是生而為人最艱困、卻也最值得努力的事情。往往，這發生在我們經驗更少、而非更多的時候。因為我們往往藉由伸展而學習，然而一旦被迫處在原地，其實學到的也一樣多。就像樹木靜立不動，扎根在同一處多少年頭，卻仍持續的生長。

敞開心靈是生而為人最艱困、卻也最值得努力的事。

【帶著走的課題】

• 在日誌中描述你曾見證它生長的一棵樹。它如何變得成熟？如果把那棵樹比喻為某個人，你會如何形容他的性格？關於活在公開之處，這顆樹教導了你什麼？
• 跟摯友或所愛之人對話，敘述某個人等候著你的故事，以及那份耐心給了你什麼樣的感覺。等候你的人教導了你什麼？

44 更宏大的存在之禱

在貴格會的教義中，無論你相信什麼，都必須奠基於自我生命的證據……貴格會的教義堅持每個人內在自有一種真理之源——一種內在的光或內在的導師……當然，我們從內在聽到的不會只有真理而已。我們也聽見自尊、恐懼、貪婪和憂鬱的聲音，所以貴格會同樣重視社群擔任幫助人們理清內在聲音的角色。

——帕克．帕爾默（Parker Palmer）

每個人都走在情感的雲霧裡：我們的愛、我們的痛、我們的欲望、我們的過往。所以我們需要彼此協助，才能等到雲霧散去，才能重獲生命的經驗。我們必須打破想望或悔恨的恍惚，無論生命給予什麼，我們的任務不是重演自身的經歷，而是整合進入心靈的一切。不是糾結於「原本可以」或「不如預期」，而是善用眼前的一切。我們的挑戰是去感受真實，趁著它們仍是真實的時候。

要理清我們所聽見的東西，需要彼此的幫助，因為恐懼與憂慮是黑暗的蜘蛛，不停在思緒的角落織網，等著某天自投羅網的我們在糾纏之中訝異不已。正因如此，我們必須讓腦袋靜止，敞開心靈，如此才能清除恐懼與憂慮的網。否則，我們與生命之間會長出一層紗。所以，就像我們不時要為居所除塵，我們也需要為腦袋清除這些內在的羅網。

受到憂慮、恐懼或悔恨的壓迫，我們開始輕忽自身所處之地的力量，想像著別處更好。關於這種痛苦的渴求，當代字典提供了一個詞彙：FOMO，也就是「錯失恐懼症」（Fear of Missing Out）。這被視為科技疏離的症狀之一，只要沒辦法上網，不能打電話或傳訊息，不能上臉書或推特，就會感覺被剝奪，甚至進入恐慌和焦慮的狀態。

其實不只當代，人類一直以來都因這份潛藏的感受而掙扎不已，認為就算我們不存在，生命也還在繼續。這種危險的內在狀態之所以發生，是因為我們把生命投資於這樣的希望：「倘若我能去到那裡，人生就值得一活。」

然而，當我們能夠理清聽見的聲音，等待情感的雲霧散去，就會著陸於當下所處的領地。也許粗礪，卻很美麗。一旦立身夠穩，足以用關懷迎接現狀，我就能愛你，而那份愛的深度將會融化「那裡的生命」的假象。

立身穩固的自我感受就能容納他人進駐，於是，當你感到痛苦，我也感到痛苦。當你覺得驚奇滿溢，我也被驚奇填滿。一次一份痛苦，一次一份驚奇，生命就是如此成長結合——縱然伴隨著情感的雲霧、憂慮的羅網和錯失的恐懼。這就是更宏大的存在之禱：在自身所處之地成長，透過同情而融解，與周遭生命結合成一種更廣大的存在。

這讓我想起一對姊妹的故事，她們彼此親近卻又互相競爭。姐姐麗莎一心追求出眾，她想把所有事情做到最好。妹妹蓋兒執著於經驗，她想盡可能接觸最多的生命。蓋兒質疑麗莎：「何必要為了成就一件事而大費周章？」麗莎則質疑蓋兒：「你這輩子到底能不能成就任何事？」她們未曾真正理解彼此，但私下偷偷嫉妒著對方的全情投入。

在往後的人生中，兩人分隔多年，直到麗莎生病，蓋兒前來照料。受病痛所困的麗莎無法成就任何事，她感到迷茫，但這種限制卻讓她認識到更深層的自己。基於對麗莎的愛，蓋兒不得不在照護工作中展現她的能力，每天都成就了許多事。生命的脆弱讓麗莎與蓋兒不再堅守自己對世界展現的模樣，她們在彼此在乎的靜謐瞬間交會。

每個人都在時間之流裡被刷洗，縱使我們討厭這種刷洗；每個人都被掏空只餘美好的東西，縱使我們害怕這種掏空。看不見的天使與惡魔盤旋在每個人頭頂，想獲取我們的注意力。每個人都受到掏洗磨礪，進入一個小空間，縱然裡面仍有我們前後奔跑的噪音，但重要的聲音能被聽見。正是天使的刷洗與惡魔的掏空精鍊了現世的我們，無論一路走來被多少迷惘與陰鬱籠罩。

就在前幾天，我等著情感的雲霧消散，一月的冬陽穿過樹木的枝幹灑下，我的狗兒到處嗅聞，想找出地底的老鼠。當時唯一的聲響，就是狗狗在雪地裡的鼻息。我再度被光禿的樹梢吸引，那裡比其它地方都來得單薄。樹的生命從土壤中扭曲的根部往上延伸到樹幹，蜿蜒直至樹梢，以最暴露的姿態向著天空伸展。

然後我懂了，這就是我們在這個世間安身立命的樣子，像一棵成熟的樹，由根部出發直至沒有葉子的頂部。根扎得越深，就能伸展得越高。現在我想知道的是，倘若樹木能說話，它會不會表達：根部能夠感受天空的風，而樹梢也能感受地底的土？

當我們在所處之地扎根，然後向著光明伸展，也能感受到貫穿的一切。雲朵飄過，襯著迎風招展的樹枝變得更加清晰，如同宇宙的真理也因為我們全然的活在當下，而變得更清晰。

這就是更宏大的存在之禱：在自身所處之地成長，透過同情而融解，與周遭生命結合成更宏大的存在。

【帶著走的課題】

- 在日誌中描述在你腦袋角落結網的恐懼或憂慮。你該如何將其掃除？
- 跟摯友或所愛之人對話，描述你對某人的愛如何融化單一的自我感受，以及你如何因為這份愛的經驗而成長。

45 內在路權

一位摯友在英格蘭健行期間得知一項當地法規：倘若一條道路一年至少被使用一次，便依法成為公用道路，社區必須負責維護並開放通行。這條應運而生的公共路權法規奠基於兩個假設：第一，就算只有行過一次，一個追求者的所知對所有人來說都是重要的。第二，若要讓一條道路顯露意義，就必須使用它。這種公用路權召喚出「內在路權」：一個靈魂所知曉的，每個靈魂都有權享用。倘若你或我發掘出一份值得承受的痛，維持並開放這種經驗，是每個人的職責。

詩人布朗特（Henk Brandt）曾說，「親密關係就是有意識心靈的試驗場」。他認為愛的經驗場是一個心靈實驗室，社群的力學就在這裡鍛造與測試。這也召喚了一種內在路權：我們在關係之中學到的，每個人都有權享用。如果有幸，我們可以讓誠實關懷的時刻，擴散為一圈又一圈更大的關係之環，如同浮出水面的魚在湖裡創造的漣漪。藉由一次經歷一種經驗，我們能夠影響每個人的家庭觀、友情觀、社群觀，甚至國家觀與世界觀。

關於每個人都有權享用一個靈魂所學的這種「內在路權」，容我分享三個例子。木工大師中島喬治（George Nakashima）是出生在華盛頓斯波坎的日裔美國人。二戰期間，他跟妻子與小女兒都被送到愛達荷州特溫福爾斯附近的一座囚禁營。在那個煉獄般的地方，他遇上年長的日本木匠平川健太郎（Gentaro Hikogawa），因而習得一身木工技藝。

中島在戰後成為一名建築師，工作足跡遍及東京、巴黎與印度，這些經歷都將成為未來的養分，讓他最終成為家具設計領域的一代宗師。他發展出一個理念：他認為每塊木頭的紋理、輪廓與裂縫中，都藏有獨特的性格。順著自然的缺口來雕刻，他期待賦予每塊木頭「第二生命」。中島特意不去遮掩別人眼中木頭的缺陷，反而將它大方的展示出來。

他生命中曾經蒙受的苦難，此刻化為這種擁抱一切的藝術觀，實在很發人深省。他竟然在不公不義的囚禁中遇見了恩師，然後發現了自己的天職，這不僅是諷刺而已。這位木雕大師因此把木頭的缺陷視為美的泉源。

更厲害的是，中島成為榫卯的高手，尤其精通蝴蝶榫與鳩尾榫。榫卯的優勢在於提升木頭交接處的強韌與彈性。我認為，「關係」的建立也適用此道，我們彼此交接之處，正是強韌而有彈性的地方。

而且，無論別人如何教我們貶低那些破損之處，美好正是由缺陷中生發出來。強韌、彈性與美好，全都出於我們的人性。來自中島人生的內在路權就是，輕盈與力量可以來自於那些黑暗與壓迫。

第二個例證來自我與阿本納基族長老布魯查克（Joseph Bruchac）的對話。他跟我分享納瓦荷人如何教導孩子照料羊群。西方的做法是圈限並指引這些牲口或動物，如同那些西部電影所描繪的，「男人中的男人」領著一群野馬穿越古老的峽谷，以便馴服種馬，讓牠們乖乖配種。面對綿羊的時候，雖然沒那麼戲劇化，但西方的作風基本上是一樣的。

對比之下，納瓦荷人的第一課，是理解到所有生物的神聖性。他們教孩子走進羊群，與綿羊建立關係。關係建立之後，羊群會將牧羊人視為一頭羊。如此一來就沒有圈限或驅趕的必要，與牧羊人建立關係的綿羊自然而然會隨著他走。這裡表現的內在路權是：把一切視為神聖，就毋須驅趕或鞭策彼此。我們只需要走進群體，然後靜靜等候。

第三個例證來自奧地利作曲家海頓（Joseph Haydn）的《告別交響曲》。海頓為奧地利的王子尼古勞斯一世領導宮廷樂團，這位王儲喜歡終日被音樂所環繞，對樂團的辛苦操演毫無惻隱之心。一七七二年夏季，樂團成員離開艾森斯塔特的家人，隨王子入住愛斯特哈澤宮。旅居期間實在太長，樂師們無不疲倦又思鄉。

然而，王子並不是隨便就可以晉見的，所以海頓譜寫了這首特殊的交響樂，讓樂師們演出最後的樂章之後便各自退場，希望王子能接收到這個暗示，放樂師們回家鄉團聚。

在一個和煦的夏夜，海頓帶領樂團為王子演出這首交響曲，王子很快隨著樂音進入恍惚狀態。到了最後的慢板，每個樂師輪流演奏完自己的最後一個音符，吹滅了譜架上的蠟燭，然後起身離開。

先是雙簧管與第二英國管，接著是大管、第二雙簧管與第一英國管。察覺到樂師紛紛離去的王子，突然間睜開了眼睛。當低音大管與大提琴也相繼退場，王子坐直了身子，感受到樂音隨著樂師的離去而漸漸消失。最後，只剩下兩把輕柔的小提琴，分別由海頓本人與首席托馬西尼（Alois Luigi Tomasini）所演奏。隔天早晨，尼古勞斯王子派人傳話給海頓，下令宮廷與整個樂團都將在當天返回艾森斯塔特。

在海頓秉持的溫柔天才中，有某種堅定而反映內心的東西。他沒有為手下的樂師提出請求，而是讓音樂的力量與在場為自己發聲。海頓所發掘的內在路權，就是一種在場的力量：**持續做自己，直到被聽見**。

無論是在囚禁中學會榫卯技藝，被送進羊群裡的孩童，或是以提琴樂音熄滅了燭火，在分享自己的所學時，我們會發現自己有如一名挺過風暴的旅人，在夜裡登上久經拍打的岸邊。一旦上了岸，我們就不再因為星星的名稱而吹毛求疵，我們只會對曾經去過的地方微微頷首，然後靠著上方那相同的無名之光，找到自己的道路。

這種公用路權召喚出內在路權：一個靈魂所知曉的，每個靈魂都有權享用。

【帶著走的課題】

- 在日誌中描述你曾探索且想與他人分享的一條道路。你跟人分享過這條道路嗎？如果有，對象是誰？如果沒有，為什麼不分享？
- 如果說，親密關係就是有意識心靈的試驗場，跟摯友或所愛之人進行對話，描述你從建立親密關係的努力中所學到的、觸及所有關係本質的一件事。

46 幫助彼此保持醒覺

無論發生什麼，我們一定要挺過黑夜。而挺過黑夜的唯一方式，就是確保真實、人格，還有人。

——喬爾．埃爾克斯（Joel Elkes）

到各地主持工作坊與靜修活動時，我深深走進一群受到生命形塑並敞開的人們。藉由那樣的深度，我們創造出一條通往意義的道路，走進一間名為「世界」的廟宇。不管怎麼嘗試，我們都無法獨自開啟這份深度。這個玄妙的事實令我興奮，也令我謙卑。我們需要彼此，即使沒有人可以替你經驗生命。於是，如同心靈的朝聖者，我們獨自、卻也一起前行，在敢於道出生命真相時，跨越這份深度的門檻。

在這類聚會上，我一開始就承認自己沒有答案，大家都是來交流意見的，因為沒有人知道如何在生而為人的奧秘之中航行。接著，我試圖打開一個心靈空間，讓我們透過這個空間，進入那個包含了一切重要事物、總在生命擾動之下靜候著的領域。當我們超出自身的想望與恐懼去追尋，這些重要事物會將我們引至支撐著所有生命的赤裸存在。我打開了這個心靈空間，透過讀詩，透過講故事，透過彼此分享如何揭露那個在存在中隱形結構的隱喻。

我提醒大家，這種聚會的傳統可以回溯至歷史之初。當人們因為恐懼或痛苦而喘不過氣，或是被清晰或費解的美所羈絆，就會停下手邊的事，聚在一起試圖理清楚。我想像在史前時代，逃脫山獅追趕的人把受到山獅重創的部族成員拖回洞穴，大夥兒驚魂未定的聚在一起問彼此：「人生就是這樣而已嗎？我們來這個世上做什麼？這一切有什麼道理或意義嗎？」

不過，即使我們需要停下審視生命及生命對我們所做的事，即使我們藉由一起探看經驗而發現的寶藏是有幫助的，但我們終究會被扔回生命裡，而生命中的一切都是整體的一部分：美麗地糾結纏繞、反覆將我們擊倒又舉起的、那種閃爍力量的精神結合。

所以，進入這些集會時，我的工作就是讓起頭的事情多過我們所能完成的，如此一來，集會時間之外從不停止的生命之流，就能以一體的姿態受到接納與理解。我們的工作就是幫助彼此記得要停下來梳理生命——無論是在洞穴或工作坊或僧團或廟宇或教堂或大學教室或跟信任的摯友在深夜——像這樣停下來聚在一起，不是一種慰藉，而是一份資源。

印地安人的長老聚會傳統鼓舞了我。他們總是圍成一圈坐著，不是為了圓圈不分首尾的平等，而是為了讓每個人都能直接看見中心。

神聖的前提在於，我們需要每一個人的觀點，才能掌握中心。我們需要每一個人的觀點，才能打開中心。我們需要傾聽每一個人的觀點，然後把大家的意義結合在一起，才能走進名為「世界」的廟宇。所以我們需要的是對意義的收集，而非選取。

當我們像這樣聚在一起——確保每個人都能直接看見中心，將最深的對話視為一種珍貴的資源而非慰藉，當我們能在彼此間打開一個心靈空間，並進入生命的深處，全都為了分享生命的真理——房裡的人們就會輪流扮演起老師的角色。

於是，敞開心靈的智慧隨處併生，揭露一個深刻的真理圖像，沒有人可以獨自浮出表面。在這樣的時刻，我們的故事成為任何人都能取飲的解藥。身為老師，我的作法是站到一旁，好讓每個人擔任自己的老師，好讓每個人成為自己的解藥。

去年，我與數百個人以這樣的方式聚集，那些良善的靈魂在艱難而平凡的日子裡溫柔而堅韌地生活著。在康乃狄克州，我們的老師是一位母親，在一段段不良關係中跌跌撞撞的她感受到愛的空虛。她的兒子吸食海洛因，曾在最絕望迷惘時試圖自殺。趕往醫院途中，這位母親不停自問：「有什麼事會糟到讓你想結束自己的生命？」

但在急診室的一張灰色簾幕後方，她在兒子的眼睛深處看見了自己。驚愕的她流淚握住兒子的手，卻只看見自己的手。她環視在場人，對我們說：「一張阻隔在我與生命之間的薄紗被拆除了，而另一張阻隔在我與兒子之間的薄紗被拉開了。現在，黃色變得更黃，痛苦是難熬的，卻很清晰。觸碰兒子的時候，我感受到這個透過我來到世間的生命。」

在西雅圖，我們的老師是一位安靜的牙醫。多年來，他為病人拔除蛀牙，舒緩牙痛。某一天這位牙醫在修磨牙冠時，看見一頭鹿走到他的窗前。那頭鹿凝望著他，他突然熱淚盈眶。然後，那頭鹿輕巧的跳躍而去，彷彿同時帶走了覆蓋在他心上的烏雲。他突然完整感覺到自己活著。在我們的聚會裡，他在靜默之後說道：「發自內心訴說與聆聽，能將雲霧驅散。」

在聖塔芭芭拉，我們的老師是一位小學護士。在她的大嫂自焚之後，她流著淚問：「為什麼？」當時我們只能朝著她靠近，見證她心裡那把撲滅不了的火。我們唯一能做的，就是用慈愛的靜默支持著她，然後一同傾聽那把火的教導。

在紐約市，我們的老師是一位消防員。他照顧的老邁阿姨前幾天告訴他，有個東西她已經找了好久好久，終於找到了，原來一直以來都在那裡。但是阿姨不願意透露那個東西是什麼，她只說：「你必須自己去找。」

在溫哥華，我們的老師是一位為死刑犯辯護的律師。她說她走到哪裡都把這些人的照片帶著，尤其是處刑前的最後面容。來參加我們的靜修途中，她跟超過一百個人一起被困在機場，然後她在生者之間看見那些死囚，宛如活生生的天使。她說，「當我體悟到每個人是多麼珍貴且無可取代，不禁在登機門前跪下了。旁邊有人過來問我，一切還好嗎？我抓住他的手回答，從沒有這麼好過！」

這樣的相遇，一直都是意料之外的福分。當我們像這樣現身，就幫助了彼此保持醒覺。當我們抱住彼此的痛，就一起編織捕捉真理的網。當我們敢於讓生命流過自己，就走進了那座名為「世界」的廟宇，即使不明白其中的意義。但，沒有什麼比這更好的了。

當我們能在彼此間打開一個心靈空間，並進入生命的深處，全都為

了分享生命的真理——房裡的人們就會輪流扮演起老師的角色。

【帶著走的課題】

- 在日誌中敘述一件你與某人之間發生的事。那是你原本不願敞開、後來卻敞開的事。你如何進入那樣的深度？這份意料之外的深度對你及你與那人之間的關係，產生了什麼樣的影響？
- 跟摯友或所愛之人對話，討論你在哪裡最能看清生命對你所做的事。可能是內在空間，也可能是外在空間。你上次進入那個空間是什麼時候？是什麼阻礙了你進入那個空間？

47 無語

出生於印度南方的她，大半輩子都待在坦尚尼亞，跟來自世界各地的孩子們住在一起。她已經八十二歲了，患有嚴重的類風濕性關節炎，而且深陷於恐懼之淵。她的一個兒子平迪住在南加州，幹了三十多年的按摩師。

我曾任教於埃爾西諾湖的松莊園靜修中心，那裡是山丘之間的一塊靈性綠洲，當時我一年會跟平迪碰上兩次面。平迪是個睿智溫柔且謙卑的人，但這樣的描述無法完全觸及他的本質——對於一切比我們宏大的事物，他是一根導管。他顯然是按摩大師，但遠遠不只在技術層面。他手上的技巧來自於寬大的心靈，所以精神之井得以透過他淌流。因此，他的撫觸能讓人平靜，也帶來療癒。他的智慧就藏在他的撫觸之中。

一個生機盎然的十一月早晨，平迪跟我說，他在夏天突然有股前往坦尚尼亞造訪母親的衝動。他和母親曾一起走過好幾年艱苦的路，如今，有股強烈的精神激流告訴他，他的母親需要他。於是他推開手邊事務，做好啟程的安排，再次動身前往母親所在的坦尚尼亞。

平迪的母語是旁遮普語，但他都用史瓦希利語跟母親對話。他說，旁遮普語中有許多詞彙是英文無法表達的，就像許多牽引著我們的強大力量，都是無以名狀的。

平迪花了二十二個小時從洛杉磯飛到奈洛比，又花了幾個小時才飛到母親身旁。然後，他跟母親坐在一起——整整一個月——擁抱著她。當母親夜半因恐懼而驚醒，平迪抱著她，直到她平靜下來。當母親在早晨因為痛苦而醒來，平迪摟著她輕搖，直到她平靜下來。平迪發揮多年來培養出的專長，堅定的愛著他的母親，絕口不提兩人過往的艱苦日子。他就是單純待在母親的身旁，時時擁抱著她。

護士來的時候，平迪擁著母親坐著；護士離開後許久，平迪持續摟著母親輕搖。旁人說：「你必須休息。」平迪想：**這就是我休息的方式**。旁人說：「你必須回家。」平迪想：**我已經回到家了**。當旁人帶著善意說：「你救不了她的。」平迪想：**但她救得了我**。三十天的沉默陪伴後，母親的心軟化了，然後，她奇蹟般開始復原。母親似乎變得比平迪記憶中更加親切，而且充滿感激。她不知道該如何報答兒子的不離不棄。說到這裡，平迪濕了眼眶。「她竟然在想著該怎麼**報答我**。」他搖著頭，有如一隻終於從風雨中飛起的鳥。

這個故事帶來一份關於無語的課題，但我卻只能用言語轉述。擁抱是偉大的解藥。許多人不喜歡擁抱或被擁抱，尤其忍受不了超過一分鐘的擁抱。

然而，這位堅強溫柔的兒子，即使他本身也育有幾名兒女，卻敢於長途飛越一萬英里，為母親付出一份取之不竭的關愛，日以繼夜整整一個月，不帶任何預期。原因不明，但這樣的付出的確讓他的母親狀況好轉，也讓他變得更加堅強。

所以，不管你的心思糾結於什麼問題，不管你的價值受到哪些成見妨礙，不管有什麼東西看似無法跨越，我們都能劈開生活所帶來的包覆與糾結，只要敢於讓相擁的時間比預想中的長，直到本身的天性改變當下的狀態。因為撫觸可以帶來療癒，擁抱可以產生改變，而感恩，可以讓我們在彼此伸手可及的範圍中，好好地生活。

許多牽引著我們的強大力量，都是無以名狀的。

【帶著走的課題】

- 敘述一次被深深擁抱的經驗，以及你的身心狀態因此受到什麼樣的影響。是什麼讓這個愛人能付出那麼多，又是什麼讓你可以得到那麼多？就算這個人已經意識到你的感恩之情，請再次跟對方述說這個故事，也跟其他人分享。
- 跟摯友或所愛之人對話，討論生命中那些可能因為被你深擁而受益的人。那麼你為什麼不去擁抱他們呢？你可以採取哪些步驟去給予他們關懷。你可以冒什麼風險去深化擁抱與被擁抱的意願？

48 如果

往外看的人，作著夢；往內看的人，醒過來。

——卡爾·榮格

我們都經歷過作夢與覺醒的循環。這兩種狀態都沒有錯，但是，若是被用來逃避真實，兩者都可能產生危險。當我們把作夢當作一種超脫或逃離現實的方式，就會掏空自己的生命力。當我們躲進內在，迴避這個世界，也會產生危害。

幾十年來，我那關於作夢與覺醒的歷程慢慢的演進。我起初夢想成為一位偉大的作家，彷彿埋首於創作能讓我逃脫那種被青春烈火所灼燒、自我價值的匱乏。到了三十多歲，癌症將我撕裂，不安全感於是四散開來。再次站起來的我得到了一份頑強，重拾過往的夢想，結果只是讓這份對寫作的虔誠，散逸成一種對生命的溫柔。無論我去到哪裡，這份脆弱都會揭露生命的真理。後來，夢想的推動力化為一份覺醒，讓我不斷獲得生命所帶來的意外驚奇。

儘管試圖重新登上夢想列車，我發現，所有作夢的目的，都是讓心靈運作到覺醒為止。帶著一顆覺醒的心，我們可以在世上活得更好。當我們脆弱的同時努力改善一切，那麼，作夢與覺醒就會結合為一種美好。

偉大的浪漫主義詩人柯立芝（Samuel Taylor Coleridge）在那首魔法般的詩《那麼，會怎樣？》（*What Then?*）裡論及做夢與覺醒的偉大一體：

如果你睡了
會怎樣？
如果你在睡眠中作夢了
會怎樣？
如果你在夢中到了天堂
在那裡拔了一朵奇特而美麗的花
會怎樣？
如果你醒了
手裡還抓著那朵花
啊……那麼，會怎樣？

柯立芝捕捉到夢醒合一的意外瞬間：全然清醒於當下，手上卻仍握著夢境。而唯有完全做自己的勇氣，才能把活在我們內在的東西，帶到這個世界上來。

儘管如此，我們仍不停思索，是要為今天而活，還是為明日而活。最近有人問起我的人生夢想清單。我垂下肩膀微笑，承認自己沒有所謂的「夢想清單」——因為夢想已經讓位給覺醒。

這不代表我不再為了什麼目標而規畫或努力，好比說，我現在就朝著完成這本書的夢想而努力著。只是，我在這一路上學到，沉浸於對自我的探問，就是夢想在夢著自己。生命的壯美無所不在，所以，我們哪兒都不用去，所有東西都是可口的，而所有的障礙都是老師。然而，這一切都無法讓我們免於旅程勞苦。

前幾天，我感到有些淡淡的哀愁，一觸即痛，我再度困惑於未來，但當下的心情卻很清晰。然後，我碰巧讀到這首柯立芝的詩，那鼓勵了我走進庭院，去凝視一朵即將盛放的花。前晚下了雨的緣故，花瓣內外都尚餘水滴，那朵花在早晨的微風中輕柔擺動，如此精緻，卻沒被吹壞，彷彿與我那殘破的心互相掩映。

我想要觸碰一片花瓣，我必須跪下來仔細瞧瞧。我領悟到，當盛開的花瓣感覺到花朵中心的蜜，而花朵中心也感覺到花瓣正在盛開，那朵花就能平靜。同理，當我那執意於打開明日的夢想，感受到此刻被打開的靈魂核心，那麼，我的心靈就能平靜。於是，我在夢裡醒來，手握著那朵奇特而美麗的花。啊，那麼，會怎樣？

所有作夢的目的，都是讓心靈運作到覺醒為止。

【帶著走的課題】

- 在日誌中敘述你如何經歷作夢與覺醒的過程。這兩者分別為你帶來什麼感覺？這兩者分別對你有什麼要求？這兩者分別給予你什麼？
- 跟摯友或所愛之人對話，描述生命中一個讓你覺得必須努力求取，而且你想獲得的東西。接著，描述一個存在於你體內，你覺得必須覺醒才能面對的東西。如果想更接近這兩者，可以採取哪些步驟？

49 嘗試、接受，再次開始

若有一個當務之急寫著你的名字——它召喚你，而你也知道它是你的——去拿取，去認領，然後讓自己受其認領。

——塔米·西門（Tami Simon）

當我們能夠克制那股跟別人比較，或跟想像中的完美比較的衝動，真實在場的日常經驗就會揭露出自我的價值。唯有在如此真實的時刻，才能發現你我與生俱來的稟賦，那可是無法強求而來的。縱然這絕非易事。

達文西與莫內是兩個戲劇性的顯例，乘著生之浪潮的同時，他們的靈魂從所知之中汲取力量。他們都努力讓自己獨特的天賦配合著周遭更為宏大的生命。至於梵谷，這個悲劇例子就令人傷心了，他受到生之浪潮無情的撲打。希薇亞·普拉斯與安妮·塞克斯頓也同樣悲慘，這兩個極富天分的詩人都選擇自盡。

貝多芬也乘著生之浪潮，卻因跌落而差點溺斃。然而，透過心靈的巨大努力，他再度搭上浪潮，以史無前例的音樂創造出自己的海嘯。

一旦知道我們是多麼容易淪落到這些處境，就令人不得不謙卑，因為乘浪或溺斃，只在於意識與境遇的一線之隔。

這些傳奇人物突顯了所有人一出生就踏上的旅程：隨著生之浪潮漂蕩的同時，永遠不停歇地在宏大的海洋裡划槳。不斷受到擾動與重組，原本就是生命旅程的特性，所謂力求完整，就是在受到生命擾動與重組的同時，設法持守自身的真實。

要探討努力，不得不論及意志。所謂任性固執，就是堅持讓事情發生，強行讓事物顯現，不斷驅策自己朝著想像與渴求的方向前進。這不同於全神貫注，全神貫注是致力於允許、甚至推動事情自然開展。任性固執讓我們產生發明，而全神貫注則是讓我們有所發現。然而，如同光明與黑暗、聲音與靜默，或是X與Y染色體，任性固執與全神貫注兩種態度都沒有錯，我們生來就有這兩種能力，而它們進行著無窮的交互作用。

所以，當我們召喚意志，基本的問題是：我是在驅策還是在關注？即使驅策有時能帶來偉大的成就，但關注帶來的是偉大的經驗。諷刺的是，驅策往往將我們趕出努力的神聖中心，而真實的關注卻能引領我們深入中心。

多年的驅策與關注之後，我們可能逐漸接受一件事：我們的任務就是要變得澈底。因為在愛與創造中，我們所能做的就是完整接納彼此。最初的我們是空的，最後的我們也是空的，兩者都不悲傷。變得澈底以及被掏空，本來就是我們的目的。被自身的無盡想望給胡亂擊打之後，我們必須在接納萬事萬物的嘗試之中，帶著心靈所剩餘的一切伸出手。在這個世界覺醒的我們，只能不斷嘗試。

我們擁有無窮的可能，卻又受到限制，如同因風而活躍的旗幟。縱使我們天生就有觀看並觸碰一切的渴求，但我們只會因那些讓心靈靜止的東西而活躍。縱使我們有著潛入生命深處的需求，但我們還是必須在世間呼吸。縱使我們內心充滿了偉大的追求，但我們還是得接受這些榮耀只有在徹底做自己的時刻才會出現。

我們必須抱持一種靜默的勇氣，才能對存在的一切覺醒，然後再次開始。也許人類的旅程正因如此而顯得崇高無比：朝著所有東西前進，卻落回原本的所處之地——我們嘗試、接受，然後再次開始。

被自身的無盡想望給胡亂擊打之後，我們必須在接納萬事萬物的嘗試之中，帶著心靈所剩餘的一切伸出手。

【帶著走的課題】

- 跟摯友或所愛之人對話，描述某件令你感覺到需要嘗試、接受，然後再次開始的事物。對這個過程的投入，帶給你什麼樣的影響？透過堅持這個過程，你學到了什麼？

害怕死亡的唐肅宗詢問偉大的慧忠國師：「我們死了之後，還需要些什麼？」這個問題像拿起一面正對著靈魂的鏡，讓我不得安寧。不管走到哪裡，這問題都在我腦中迴盪。

幾天前一場短暫而猛烈的大雨之後，我站在一株巨大的柳樹旁。我看著雨水在樹根附近聚積成一渦小池，有種風雨過後才會出現的清晰。伴著空氣中的雨水味，我自問：「當我們不再在**這個世間**逐漸死去，我們還需要什麼？」我的腦袋回答：「什麼都不需要。」我的心靈則說：「需要愛。」

這就是我們的命運：在虛無與愛之間航行。隨著時間過去，生活會為我們的存在蒙上一層屏障，唯有敞開心靈，才能移除它。生而為人，我們必須把這樣的阻隔與清理視為一種經驗的氣象。這種內在氣象是無可避免的，但我們不解決它，我們穿越它。

除了經驗的阻隔，我們也因層層堆疊的遮蔽而掙扎。痛苦、損失、懷疑、猶豫，以及認命，一旦疏於關照，就會形成遮蔽。任何一種支配我們生活的感覺或心情都是一種遮蔽，即使遮蔽出現的原因不一定是我們自身的所作所為。無論原因為何，將自己從生活中隔絕出來，都會創造出一層會減損生命強度的遮蔽物，因為要去抑制「永遠在場」所形成的生之奇蹟，對生命來說，就等同死去。

除了經驗的阻隔與遮蔽的堆疊，我們都帶著讓心靈產生皺褶的刻痕。所以，要如何觸及留下的傷疤？這就是獲得內在自由必須進行的工作了。在傷疤的壓力下，我們的需求簡直源源不絕，而一旦直面它們，我們就只需要歲月以及彼此的在場。

所以，我需要更多隨處做自己的勇氣。現在，原本的問題演化成：「當我們因為傷口與遮蔽而死去，那時會需要什麼？」我只知道，越把心敞開，勇氣越能顯露為一種赤裸且絕對的存在。一朵花可以在綻放前夢想著綻放，然而一旦綻放開來，花朵當然就不再夢想了，只需要單純成為一朵花。同理，我們也在心靈敞開之前夢想著勇氣，而一旦勇於全然的在場，我們就只是成為了自己。

數百年前，一個害怕死亡的帝王問他的國師：「我們死了之後，會需要什麼？」如果要體驗生命的深度，這就是每個人都必須琢磨的對話。當我接近死亡，我想我需要接納自身的消亡，以便放手與萬物合一。當我接近生命，我想我需要如同塵土等待降雨的耐心，以便感受萬物將我填滿的活力。而當我停止在世間死去，我想我需要同樣的開放與耐心，以便完整地活著。

香崖就是當我們不再因為生命而死去的短暫瞬間。在循環的甜美之中，我們隨身攜帶的那些因傷害而縫補的痕跡和創口終於開始癒合，如氣象般層層堆疊的遮蔽也將散開。在受到清理的那一刻——我們的存在、心靈，以及思緒都被允許一起呼吸。我們攀爬香崖走進一種開闊的境地，然後活著，站在永恆面前抖落心靈的塵埃，脆弱卻有力，敬畏而感恩，終於哪裡都不用去了。

隨著時間流逝，生活會為我們的存在蒙上一層屏障，唯有透過敞開的心靈才能移除。

【帶著走的課題】

- 在日誌中為自己探索這個問題：「當你不再在這個世間逐漸死去，你會需要什麼？」
- 跟摯友或所愛之人對話，描述生命中某個已被打開的遮蔽。那層遮蔽是怎麼產生的？又是怎麼被揭開的？

51 善意代理人

是什麼讓建築與森林、岩石與海洋免於脫離地球而被拋到外太空？是什麼讓構成人類與動物的元素免於分崩離析？物理學家會用數學公式來向你證明維持宇宙運作的是重力與電磁力，但有什麼早於重力與電磁力？最初的動力是什麼？愛。最初的動力是愛。

——伊莉莎白．雷瑟（Elizabeth Lesser）

讓萬事萬物免於崩解的，是編織於殘酷風暴中那一縷關愛的絲線。摯愛親人的照片歷經了戰火，終於在三十年後送到孫子手上。沒被沖走的種子落地生根，以蘭花之姿來到世上，它的美麗讓一個小女孩立志成為畫家。二十五年前相遇的記憶，讓今早凝望你睡容的我，情不自禁。父親構思紅木傢俱時發出的笑聲，讓我在抗癌期間持續相信著工作之愛與愛之工作。這些無所不在的絲線，交織成一個幾乎看不見的連結之網，為我們灌注了韌性，讓我們能在被迫或被愛的時候，透過生命的禮物找到自己的路。

在巨大的騷亂中，在人禍的激流中，這些關愛的絲線似乎顯得過時了——它們是溫和年代所遺留下來的遺物。但是，它們在所有擊敗我們的破損之下等待著，這些精細的關愛絲線可能看不見，卻不可能被弄斷。它們等著一個投入的靈魂，敢於在殘酷之中為生命挺身而出，敢於在偏見面前去愛著每一個人，敢於踏出那個宣稱我們都是陌生人或敵人的劇場，敢於幫助那些藏匿的人們回到開闊之地。只要握緊並跟隨著一根關愛絲線，即使有時需費時好幾年，終究可以修補這個世界。

教導我做人要良善的，是我的祖母。她帶著堅毅移民的信念，告訴我生命會為敢於付出的人開啟。一旦活在開闊之地，除了良善，再無其它職責。所以，讓我們陪伴彼此，也就是說，成為彼此的同伴。而英語的companion（同伴）一詞源自法文，意指「跟對方分食麵包的人」。道理是這樣的：願意一起走過風雨，分享自己所擁有的東西，如此一來才能創造出通往重要事物的道路。

如同蜜蜂永遠需要製蜜，我們也需要不斷從自身的經歷中創造甜美。所以，生而為人，就是去愛特定的人事物，直到這些對象從特定變成普世。最後，愛會把我們鑄成一把樂器，供某個忽然迷途的人彈奏。

事實上，隨處都能遇見善意的代理人。我坐在自家附近的咖啡廳，而你就在那裡。我甚至不知道你的名字，但我從對街望著你，看見你伸手幫助一個困在高台的小孩，那是一種全然而純粹的善行。那個小孩很害怕，而你只是微笑著伸出手。

無論你有沒有意識到，你的舉手之勞代表的是給予者的部族。他們有著足夠的關愛，年年歲歲搭建我們需要的東西。你的手，就是那些拖著石材建好渡槽的手，就是那些戰場上為傷口止血的手，就是把人從失火的廟裡救出來的手，就是捧著哀傷哭嚎的頭顱的手。當你把那個孩子抱到人行道，她一句謝謝都沒說，蹦蹦跳跳地走了。你看著她消失在生命的人流之中。這意料之外的良善瞬間給了我希望，我們確實可以完成來到這個世界上應該做的事。

那些愛自己所作所為的人們，似乎都讓人感到熟悉，這並不奇怪，因為在愛的時候，我們從同樣的生命中心升起，而把這些人的故事散播出去，就會讓一種敘事處方變得活躍有效。這帖藥劑能夠強化人性的免疫系統。熱愛自己所做的事，就能感染別人也熱愛他們自己做的事，如同陽光讓植物得以生長。

而這正是良善的任務：幫助事物生長。澆灌種子能改變世界，但澆灌的機會能改變你的生命。因為感恩的核心包含了施與受。對於讓我們保持健全的關係而言，這就是吸氣與吐氣。

有許多方法能夠安住在這份平凡的奇蹟之中。印度朋迪治里地區外頭的貧窮農人跟陌生人打招呼的方式不是揮手，而是觸碰自己的心。他們就是以這麼簡單的方式，去認可那個連接彼此的東西，就是以這麼簡單的方式，澆灌彼此之間的關愛。

所以，我鼓勵你創造屬於自己的澆灌種子，以及能夠觸碰自己心靈的做法。我鼓勵你澆灌夢醒之後仍握在手上的花朵。我鼓勵你守候他人，以便發現何謂施與受。我鼓勵你講述施與受的故事，尤其說給年輕人聽，好讓他們輪流修補這個世界的時候，能夠安住在自身的良善之中。

從生到死的旅途中，倘若接收到賜福，我們就會發現彼此生而為人的那份親緣。而在所有繁複思索與原則信念的羅網之下，唯一能持久的道德守則，就是扶起彼此。在所有夢想與目的之下，我們只要在跌倒時能趕到彼此的身邊，就如同白血球趕往身體的傷口。這是一種根本的態度。世界與靈魂的健全，無不仰賴於這個簡單的反射動作：停下手邊的事，趕去幫忙。

一旦活在開闊之地，除了良善之外，再無其它職責。

【帶著走的課題】

- 最後一則日誌功課，就是描述一個你在世間澆灌的種子，以及這顆種子成長的狀況。
- 最後一次對話，邀請與摯友或所愛之人見面，描述你停下手邊的事，趕去幫助他人的經驗。

52 世即是寺

數千蠟燭能被一根蠟燭點燃，而那根蠟燭的生命卻絲毫沒有減損。

——佛陀

吸收那麼多，只為了釋放。學習那麼多，只為了接受自己的無知。抵抗那麼多，只為了最後的臣服。我們且行且精煉，終於透明到足以顯露生命中所隱藏的特質。一切都是為了重拾一株植物或一隻狗的單純，一切都是為了發現煩惱之下可以被當成家園的那個空間。

最後還有一個故事要分享，至少暫時如此。

一個下定決心找到生命意義的年輕人從世上啟程。起初，他認為所見的一切都隱含著奧秘。他越過河流，發現生命就像一道河流，不顧人類的意志，把我們沖刷入海。渡過河之後，他攀上高山，發現生命就像山岳，越往上攀就越光禿赤裸，越是不為所動。接著，他走進一座城市，他又發現生命就像人群，每個人都如此接近，即便彼此所知甚少。最後，他開始忘記自己原本要追尋的到底是什麼。

此時，在一個意外的情況下，他遇見了他的老師。在他開口前，老師就已經知道他所見過的一切，以及他想知道的一切。這位老師以問題迎接他：「所以，你想弄懂世界運作的方式，還是在真實存在的世界裡當個學徒？」

他未解其意，但她的出現讓他一留就是好幾年。他們每天早上談話，但多數時間裡，年輕人只是仿效著老師的作為。她劈完柴，他就磨刀。她用完水，他就去挑。當她論及存在的遺產，他一題接一題發問。說不上找到答案，但他倒是漸漸愛上了她，而這似乎就是所有問題的解答。在他領悟到這點之後不久，她就過世了，彷彿本來就是要等他學會愛，才願意離開。

在哀悼中，他獨自照料她平日的工作。某天的夢裡，她輕聲對他說：「你現在必須走了，去擴展你的圈。」於是他離開，繼續在世上的旅程。現在每樣景物的顏色都變得更加鮮明，而在所有的地方，他都能感受到老師的存在。所以，他以愛迎接所有人。

他在城市漫步，傾聽陌生人交談。他在農村漫步，傾聽牛群的聲音。他走進森林，傾聽飛鳥與樹木。無論這一路走了多遠，對於年輕時的探求，現在的他總能找到那些相同的瞬間。而當這些瞬間開啟，他得以穿越瞬間，並踏入萬事萬物的中心。這一切讓他對別人的困境極端敏感。

後來，一個就像當年的他那樣的年輕人找到了他，也稱呼他為老師。他笑了，因為他不曾如此看待自己。但他回憶起他老師的好，所以溫柔的謝絕了年輕人對他的崇敬，他說，「我們只是幫助彼此保持醒覺。」

就是這樣，我祝福你擁有這樣的旅程。我希望世間的萬事萬物都能對你說話——河流、山岳、城市、森林。我祝福你遇見許多老師，他們將帶你找到自己。

當我們一起捧起桶子，某些如同夜星閃爍的事情就會發生。對於這樣的旅程，我再也找不到更多的形容了。你只需要知道一件事——上帝沒有給我們翅膀，但祂給了我們愛。

謝辭

每一本書所召喚和展露的方式都出人意料，從不全然是我所想像的那樣。我感謝每本書為我開啟的事物，以及為我帶來的改變。這段旅程中，我尤其感謝那些讓我變得內省、暈眩，甚或令我迷途的陪伴者。

感謝我的經紀人 Jennifer Rudolph Walsh，不斷給予我內在的鼓勵和外在的支持。感謝 Eve Attermann，她擁有超齡的智慧。感謝 James Munro、Fiona Baird 和 WME 團隊優秀的關照。

此外，我要感謝我的出版者和編輯 Joel Fotinos 的遠見、關照，以及默契的合作。感謝 Brooke Warner 的堅定友誼和敏銳的理解力。感謝我的宣傳人員 Eileen Duhne 的好心和善意。

在這一路上，我有數不清的好友相伴。我深深感激這些朋友的為人和他們願意分享的事物。特別感謝 George、Don、Paul、Skip、TC、David、

Kurt、Pam、Karen、Paula、Ellen、Parker、Dave、Jill、Jacquelyn、Linda、Michelle、Rich、Carolyn、Henk、Sandra、Elesa、Penny、Joel 和 Sally。

感謝 Oprah Winfrey 修復了世界這座神殿。感謝 Paul Bowler，他一生都在探索內在生命。感謝我的老友 Robert Mason，打從我們認識的那一刻起，他的雙眼就像一道充滿洞見的門戶。最後感謝我的妻子 Susan，她在寬宏的心中揚帆航行，幫助她所遇見的每一個人。

靈魂之書

52 週冥想練習，在迷惘不安的世間，為靈魂尋求棲居之所

The Book of Soul: 52 Paths to Living What Matters

作　　者　馬克‧尼波(Mark Nepo)
翻　　譯　蔡世偉
封面設計　楊啟巽
內頁排版　高巧怡
行銷企劃　林瑀、陳慧敏
行銷統籌　駱漢琦
業務發行　邱紹溢
責任編輯　李嘉琪
總 編 輯　李亞南
出　　版　漫遊者文化事業股份有限公司
地　　址　台北市松山區復興北路331號4樓
電　　話　(02) 2715-2022
傳　　真　(02) 2715-2021
服務信箱　service@azothbooks.com
網路書店　www.azothbooks.com
臉　　書　www.facebook.com/azothbooks.read
營運統籌　大雁文化事業股份有限公司
地　　址　台北市松山區復興北路333號11樓之4
劃撥帳號　50022001
戶　　名　漫遊者文化事業股份有限公司
初版一刷　2021年7月
定　　價　台幣400元

ISBN　978-986-489-491-8

國家圖書館出版品預行編目 (CIP) 資料

靈魂之書/ 馬克. 尼波(Mark Nepo) 著 ; 蔡世偉譯. -- 初版. -- 臺北市 : 漫遊者文化事業股份有限公司出版 : 大雁文化事業股份有限公司發行, 2021.07
面 ;　公分
譯自 : The book of soul : 52 paths to living what matters.
ISBN 978-986-489-491-8(平裝)
1. 靈修　2. 心靈成長
192.1　　110009598